U0019354

ルポ 中年フリーター

「働けない働き盛り」の貧困

中年打工族

小林美希

Kobayashi Miki 著　呂丹芸 譯

目次

第二章 壓抑女性的社會

第三章 建立良好的雇用型態

序章

連國家都棄之不顧的世代

無法逃離的非正職命運

無法成為正職員工……。

在三十五到五十四歲的人當中，以非正職員工身分工作的「中年打工族」（中年フリーター）有兩百七十三萬人，相當於同世代中，十人就有一人是打工族，但這個數字不包含已婚女性。在同年齡層的非正職女性員工中，有些人不用刻意調低薪資，就符合被扶養人口的認定標準，而這些人多達四百一十四萬人，因此潛在的中年打工族其實應該更多。

身為中年打工族之一的松本拓也（四十三歲），平靜地說出自己長年以來作為非正職員工的心聲。

「到了現在這個年紀，我對雇用環境已經不再存有希望了。一想到今後我可能再也無法成為正職員工，非正職的我獨自一人在社會上載浮載沉的感覺就不斷襲來。」

拓也到目前為止做的都不是正職，而且每家公司都是黑心企業。三十多歲時他在量販店當約聘員工，月薪三十萬日圓，雖然很快就升為副店長，但每個月都要加班超過一百小時以上，最後他終於選擇了離職。

接下來拓也在餐飲業打工，一個月薪水十三萬日圓。由於拓也覺得勞動條件不合理所以跑去問公司是怎麼回事，結果竟然被開除。失業的他只能靠著政府補助去職訓班上課。

拓也並不放棄，仍然繼續找工作，終於在一家東京都內的高級超市以全職計時人員的身分開始上班。這間超市有許多分店，拓也總算得到了暫時的「安定」。目前人手不足的零售業界薪資有上漲的趨勢，而拓也的時薪是一千兩百六十日圓。由於店面營業到很晚，拓也積極爭取讓自己的班表可以排到有加班費的時間，光是加班費一個月大概就有八萬日圓。雖然還要扣掉社會保險等費用，但一個月算下來仍然可以實拿二十三萬日圓。

雖說如此，但在合約還沒更新之前，拓也還是很怕公司通知他合約中止。有很多負責收銀的派遣員工「被離職」，但是他們看起來卻不生氣，可能因為他們也知道非正職被解雇是理所當然，一想到這點拓也就忍不住害怕。

「未來就算再怎麼努力，我這個年齡也很難成為正職員工了，加上存款又少，今後我該何去何從呢？」

再怎麼努力也無法脫離非正職員工的命運，社會上難以被發現的貧窮就存在於此。

歷年來最好的應屆畢業生求職市場

現在的新聞經常報導勞動條件嚴苛的職場環境，而勞動基準監督署介入知名企業斡旋的例子也屢見不鮮。

這幾年引起最大風波的，莫過於二〇一五年日本電通廣告公司的女性職員因超時工作自殺，結束了二十四歲的年輕生命。這名有大好將來的年輕女孩，明明進入了人人嚮往的電通集團，卻因為上層仗勢欺人、強迫她長時間加班，而在進公司九個月後的聖誕節早晨走上絕路。這個事件被媒體大肆報導，連勞動省也介入調查，成為難以抹滅的社會事件。

少子化造成勞動人口減少，無論政治圈或財經界都不得不開始有所行動，針對勞動方式提出改革。安倍晉三推出了一連串諸如「一億總活躍社會」、「打造所有女性都能發光發熱的社會」、「工作型態改革」等有關勞動問題的口號，接二連三地端出過往未曾有過的雇用政策。

現在的應屆畢業生面對的是求職者占上風的市場，預定於二〇一九年三月畢業的大學生內定率，至二〇一八年九月一日為止是九一・六％，跟前年九月的八八・四％相比，成長了三・二個百分點（株式會社Recruit Career調查）。從就業率（就職人數中畢業生所占比例）來看，二〇一七年三月的大學畢業生為七六・一％、二〇一八年三月為七七・一％，成長到接近於泡沫經濟之前的水準（文部科學省〈學校基本調查〉）。

光看就職的實際情況，就可以知道正職員工正在增加。

文部科學省在二〇一二年度發表了就職人口中「正職員工」及「非正職員工」的內部分析資料，其中「非正職員工」指的是「雇用契約在一年以上或勞動時間相當於全職者」（從二〇一二年起，變更為「雇用契約在一年以上或一週所定勞動時間在三十到四十小時者」）。從這份資料可以得知，二〇一二年三月畢業的正職員工就業率為六〇％，而二〇一七年為七二・九％，二〇一八年為七四・一％，一路攀升（〈學校基本調查〉）。

這裡點出的事實十分明確，也就是現今的勞動市場完全是以應屆畢業生為主流的市場。

被忽略的中年勞動問題

在這種情況之下，卻留下了一個重要的問題，那就是在就業冰河期（泡沫經濟崩壞後的就業困難時期）剛出社會，現在被稱為「中年打工族」的人們。

這個名詞在二〇一五年受到注目。根據三菱ＵＦＪ研究顧問尾畠未輝研究員的試算，中年打工族不斷增加，在二〇一五年時約有兩百七十三萬人。

他們的存款比正職員工少，而且加入社會保險的比例也很低。當這些人到了可以拿年金的年齡時，一個月只會有不到七萬日圓的國民年金，屆時生活一定無法自理，很可能需要由政府照顧。然而日本的財政狀況並不能支撐這麼龐大的費用，社會福利制度很有可能會破產。

為什麼中年打工族會增加這麼多呢？

理由是顯而易見的。在日本，應屆畢業時無法成為正職員工的人，之後也幾乎都是從事非正職的工作。勞動政策研究暨研修機構的〈非正職雇用之壯年勞工的工作及生活相關研究〉（二〇一五年）中指出，男性在二十五歲時若為非正職員工，在五年後的三十歲時，成為正職員工的比例為四一．七％、十年後的三十五歲為四九．一％，將近半數。而三十歲時若是非正職員工，在三十五歲時成為正職員工的比例僅有二八％。

過去剛畢業時經歷過失業潮的世代，現在已成了中年人（三十五到五十四歲）。也就是說，曾被稱為「就業冰河期世代」或「失落的世代」的這群人，過去找不到正職的工作，並且一直持續至今。

這裡我們從文部科學省的〈學校基本調查〉來確認就業率的走向。

大學畢業生的就業率在經濟泡沫化後，一開始還維持在八〇％左右的高水準，但是從一九九二年起，由於經濟泡沫化的影響，應屆生的錄取人數開始縮水，一路往下降；在一九九五年已經跌到六五．九％，但這只不過是冰河期的開始。一九九七年知名證券公司山一證券倒閉的時候，就業率更加慘澹，二〇〇〇年時的統計第一次跌破六成，只有五五．八％，而二〇〇三年時，則來到史上最低的五五．一％。也就是每兩名學生中，就有一名找不到工作。

更大的問題在於當時「就業率」的定義是「雇用契約簽訂一年以上」，等於非正職的雇用也包含在內；亦即無論正職或非正職都算在「就業率」之內。筆者大學畢業的二〇〇〇年，雖說每兩個人就有一個找不到工作，但是有多少應屆畢業生是以正職員工的身分展開社會新鮮人之路，卻無從得知。二〇〇三年時，二十到二十四歲的完全失業率為九．八％，等於應屆畢業生中，十個人裡有一個沒工作。

之後，二〇〇八年的就業率回到了六九．九％，接近七成；但同一年發生金融海嘯之後又再度下滑，二〇一〇年為百分之六〇．八％。等到金融海嘯漸漸和緩，再加上二〇〇七年起，由於團塊世代到了退休年齡因而出現大量離職潮，企業為了要確保找得到人才，二〇一〇年後就業市場便突然站到了勞工這一邊。如之前所說，二〇一八年三月的大學畢業生就業率上升到七七．一％，終於回到了經濟泡沫化前的水準。

從上面的內容可以得知，應屆畢業生的錄取率會隨著每個時代的景氣而像雲霄飛車一樣上上下下，年輕人畢業的時間點不同，命運也大不相同。

對失業潮世代置之不理的後果

另外還有以下的資料。

二〇一七年總務省統計局的〈就業構造基本調查〉指出，若以男性大學畢業生的未婚率來看雇用型態的話，二十到二十四歲時，無論哪種雇用型態都有九五％以上未婚。然而到了三十五到三十九歲時，正職員工的未婚率降到二四．七％，但相對地，派遣或約聘員工則為六〇．六％、計時人員等打工族則有七九．四％都是未婚。

而在〈二〇一七年非正職雇用之女性相關調查〉中，可以得知女性的第一份工作（第一次就職的工作）會依雇用型態的不同而影響婚姻或生育。女性的第一份工作是正職員工的話，有配偶的比率是七〇．九％，但若是非正職則只有二

六．九％。若觀察是否有小孩的比率，第一份工作是正職的有五四．一％，而非正職則只有二一．六％。

出社會的起步若是非正職，會對生育造成很大的影響。

在各式相關的定期調查中，有一項由日本國立社會保障暨人口問題研究所做的〈出生動向基本調查〉。這項調查每五年在全日本實施一次抽樣，最新版為二〇一五年。我想以經濟環境對生育態度的影響為例，來看看「夫妻的理想子女生育數」的變化。

調查中最高的數值是經濟泡沫化之前的一九八七年（二．六七人），而在二〇一五年的調查中，則跌到歷年最低的二．三二人。若對象是結婚零到四年的夫妻，則為二．二五人，這也是史上最低的數字。若詢問的是「夫妻預計的平均子女生育數」，大約是二．〇人。由此可見，夫妻間的「理想」不過突顯了少子化的嚴重性，但現實中「預計」卻是不得不放棄的夢想。

少子高齡化是日本社會極為嚴重的問題，這點自不待言。二〇一六年出生人數首次跌破一百萬人，而隔年（二〇一七年）則創下史上最低的九十四萬人的紀

大學畢業生就業率（在全部畢業生中就業者所占的比率）變化

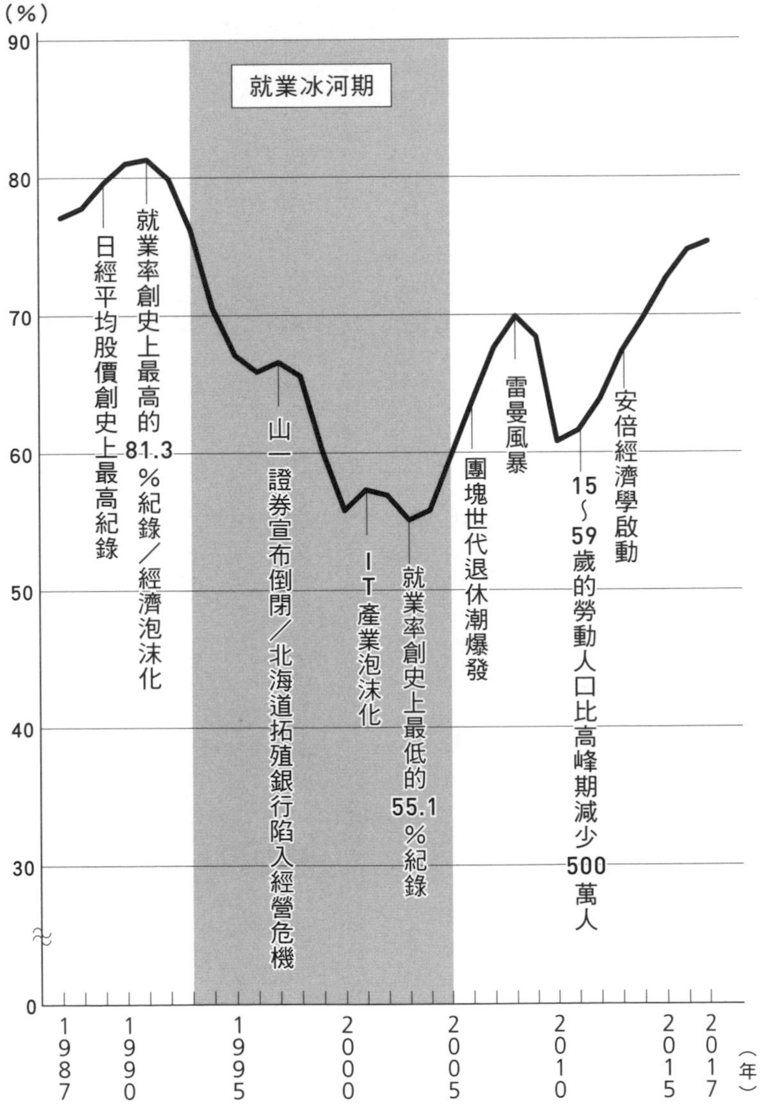

（資料來源：文部科學省〈學校基本調查〉）

夫妻的平均理想子女數與平均預定子女數的變化

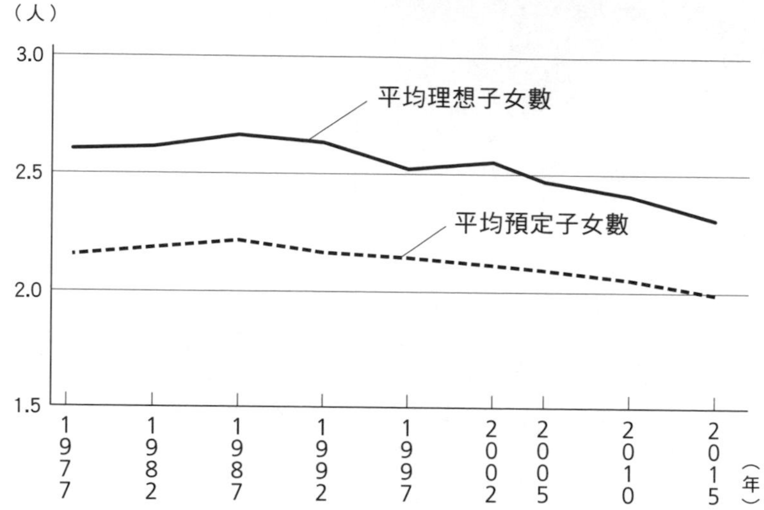

（資料來源：社會保障暨人口問題研究所〈出生動向基本調查〉）

錄。

這個背景來自於團塊二世世代（一九七一到七四年生的人）超過了生產年齡，以及過半數的團塊二世世代及後團塊二世世代（一九七五到八一年生的人）都是經歷過就業冰河期的人，這一點也不能忽略。他們的特徵是就算有伴侶，對結婚也猶豫不決、在生小孩上舉棋不定。

由於看不見未來，現在不談戀愛的中年打工族更多了。如此一來，不婚或單身的世代就增加了。跟父母一起住在家裡，在還能利用父母的年金或儲蓄時，也許可以再撐一下也說不定。然而當父母走了之後，又或者是自己生病需要看護時，生活就會立刻陷入困境。什麼安享晚年根本是不可能的，只有貧困跟隨在自己身邊罷了。

再這樣下去，社會保險會破產

有關這個問題，NIRA綜合研究開發機構在二〇〇八年四月時整理了一份〈就業冰河期世代的危機〉報告，敲響了警鐘。

該份報告將就業冰河期定義為從一九九三年起，約十年左右的期間。當時正值高中畢業的人是一九七五年到八五年出生；大學畢業的人則是一九七〇年到八〇年左右出生。為了統計的方便，二〇〇二年的就業構造基本調查中，二十五到三十四歲（亦即一九六八年到七七年出生的人）也被視為就業冰河期的成員。

根據這份報告的試算，由於非正職勞工的增加，以及沒有上班上課的無業者——也就是打工族的增加，產生了七十七萬四千位接受社會救濟的潛在人口。當他們接受社會救濟之後，追加的累計預算金額會提高到十七兆七千億到十九兆三千億日圓。

接受社會救濟的人在二〇一五年三月時，比最高峰期的兩百一十六萬人略少了一些，但仍有兩百一十萬人左右。從年齡上來看，六十五歲以上的銀髮族占了將近四五％，而四十到四十九歲約為一〇％，等於十人中就有一人。長期來看，六十到六十四歲的人比四十多歲的更多，但在二〇一四年卻逆轉了。

「失落的十年」延長為「失落的二十年」，這是因為國家沒有認真看待雇用問題的緣故。二〇〇〇年時，「打工族太天真」、「年輕人只做自己想做的工作」這種說法盛行，沒有人提出認真的反思因而導致問題被埋沒。隨著時間流逝，這些「年輕人」變成了「中年人」，而「中年打工族」很有可能成為動搖國本的問題，這件事又有多少人察覺呢，到時連帶的消費和稅收也都會大幅降低。

筆者經驗談

筆者長年關注就業冰河期的問題，契機是我對於和我同世代的朋友（包含我自己在內）的工作方式，有著很單純的疑問。

筆者畢業於二〇〇〇年，那一年的大學畢業生就業率在統計上首次跌破六成，相當於每兩個人中就有一個找不到工作。筆者大約應徵了一百家公司，參加了五十家公司的面試，最後只拿到一家消費金融大企業的綜合職錄用通知。我婉拒了那家公司，在畢業後重新開始找工作，後來進到一家剛申請民事再生法（譯注：協助瀕臨破產企業重建的法律）的報社，成了正職員工。

一年後，《週刊經濟》以「只有剛開始是約聘員工」的條件把我挖角過去，我成了《週刊經濟》的約聘員工，與每日新聞社簽下了每年更新一次的合約。

我的工作範圍十分廣泛，每天都工作到渾然忘我，媒體業是沒有所謂上下班時間的。雜誌在送印前要一直工作到隔天早上是常有的事，也曾經在編輯部的沙發上蓋著報紙睡著，第二天一早又起來繼續工作。

只是過了一陣子之後，我對於約聘這件事開始感到不安，因為看不到未來。但如果想要成為正職員工的話，還要跟著在學的學生們一起考筆試，通過才算合格。那時我已經習慣這份工作了，當收到讀者對我寫的新聞或特別報導表達支持的信時，我又會認為這份工作是我的天職，一直當個約聘員工也無妨，這種矛盾感一直存在。

而環顧四周，不管是在哪個業界工作的朋友，不論是否認為自己的工作很有成就感，一樣都每天免費加班，搭著末班電車回家；星期六日也是照常上班不支薪，每天累得要命。

「大家都這麼累，不會有點奇怪嗎？這應該是很嚴重的問題吧。」

這是我當時的直覺。

在擅長分析總體經濟學的《週刊經濟》中，勞動問題跟經濟或企業經營是完全不同極端的東西，但是我認為「形成總體經濟學的正是每一個個體的勞動」、「在勞動的意義上，作為支柱的年輕人如果失去力量的話，對將來一定會有很大的影響」，因此認為有報導的必要。

我雖然向編輯部提出企畫書，但由於當時「年輕人太天真」的看法很普遍，所以沒有被採用。而且當時大家的焦點集中在中高齡裁員上，很少有人會去注意年輕人的雇用狀況。

那時「非正職員工」這個詞在社會上還不普遍，大家都以「打工族」來稱呼非正職員工。「打工族」這個詞是人資公司Recruit於一九八七年所創造的，是將自由工作者及打工族兩個詞併在一起的造語。這個詞在八〇年代的泡沫經濟時期，會讓人聯想到歌頌自由的年輕人，也因此讓人感受不到事態的嚴重性。

在企畫書沒通過的二〇〇三年，我煩惱著是不是要換到其他不停找我過去的公司。年輕氣盛的我，約了當時伊藤忠商事的丹羽宇一郎社長，和他傾訴人生的煩惱。面對因企畫不過而感到沮喪的我，丹羽社長建議：「你就跟公司提三次看看，如果連提三次，主管應該會讓步。」

「再提三次企畫看看，如果還是過不了的話，我就離職換工作。」

下了這樣的決心之後，我再度將企畫呈上去。終於在向第三位主管進行第三次提案後，得到了許可。當時政府剛好發表了「國民生活白皮書」，大家對於十五到三十四歲的年輕打工族有四百一十七萬人這個問題十分重視。之後我有數篇特別報導被刊出，二〇〇五年刊出了第一回的專題〈兒子女兒的悲慘職場〉，這些專題提到了正職員工和打工族的平均年收差了兩到四倍，由於打工族和尼特族的增加，預計會在二〇三〇年達到六兆日圓的稅收缺口等問題，另外我也舉出了對總體經濟學的影響。這個專題很幸運地獲得了廣大的回響，我對於自己能洞察就業冰河期問題發端感到驕傲。

無力的日本中年人

只是直到現在，情況仍然都沒有改變。我感覺那群人從「年輕人」變成「中年人」後，事態更加惡化。

中年打工族無法成為正職員工的原因在於，經濟不景氣時，正職員工的名額很少。一旦成為非正職員工後，「學不到技術」或者「就算有專業也不被認可」的狀態會一直持續下去，所以就算景氣好轉、職缺增加，他們也找不到想做的工作。

正職員工一定要長時間工作，所以有些人會擔心自己做不來，最後正職員工的選項就被他們刪掉了。二〇一六年厚生勞動省發表的〈時薪制勞工綜合實態調查〉中顯示，有一〇・三％的人選擇時薪制的理由是，「如果以正職員工的身分工作，在體力上難以負荷」。

要選擇工時長的正職員工，還是選擇不安穩的非正職員工呢？

在二選一的情況下，有小孩要養的女性不得不選擇非正職，然而現在這種問題似乎也擴及到男性身上了。我能夠一直這樣工作嗎？有必要緊緊抓著正職員工的職缺不放嗎？我聽到了一些這樣的聲音。

接著另一個浮現的問題是「自暴自棄」。就算有想要成為正職員工的念頭，還是會出現「反正我一定沒辦法」這種「自暴自棄」的想法來攪局。

只要努力，總有一天可以找到安穩的工作，就業冰河期世代這樣相信著。然而這個世代卻是再怎麼認真也不受重視、用完即丟的免洗世代。他們對企業和社會開始產生不信任的感覺，工作動力最後也會慢慢消失。

另一方面，大企業似乎在歌頌這個世界的春天。財務省〈法人企業統計調查〉顯示，象徵企業保留盈餘的留存盈餘（金融保險業以外的全部產業）每年都在增加。二〇一七年度比前一年增加四十兆日圓，達到四百四十六兆四千八百四十四億日圓，已連續六年創下過去新高。

薪資曲線（以時薪為基準）

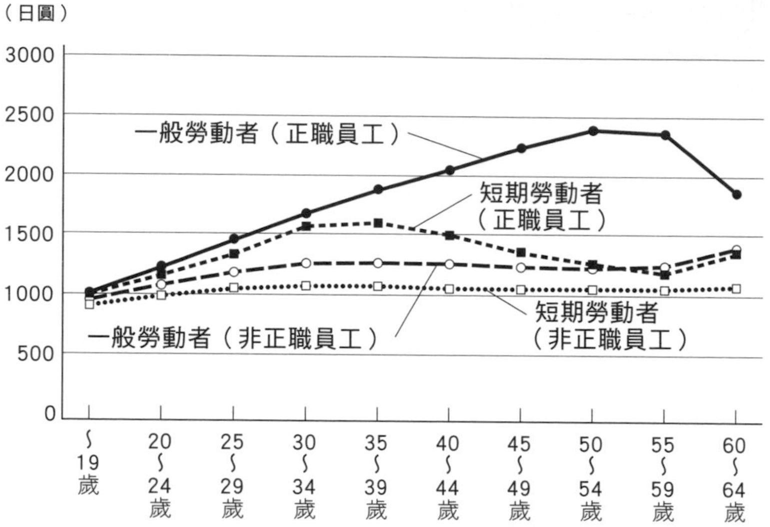

（資料來源：厚生勞動省〈薪資構造基本統計調查〉）

從國稅廳〈民間薪資實態統計調查〉中可以得知，中年世代的平均年收，女性依舊是三百萬日圓左右維持不變，但正值盛年的男性收入卻年年遞減。男性的平均年薪若以「一九九七年↓二〇〇六年↓二〇一六年」進行比較的話，三十五到三十九歲為「五百八十九萬日圓↓五百五十五萬日圓↓五百一十二萬日圓」，這二十年間年薪減少了七十七萬日圓。此外，四十到四十四歲則是「六百四十五萬日圓↓六百二十九萬日圓↓五百六十三萬日圓」，減少了八十二萬日圓；四十五到四十九歲則是「六百九十五萬日圓→六百五十六萬日圓→六百三十三萬日圓」，減少了六十二萬日圓。

不止如此，厚生勞動省的調查中，就算都是全職，一般員工跟非正職員工的薪水也有差別。四十到四十四歲的非正職員工時薪為一千兩百九十四日圓，只有正職員工的六三%；四十五到四十九歲的非正職員工時薪為一千兩百七十日圓，為正職員工的五六%；五十到五十四歲的時薪為一千兩百五十九日圓，只有正職員工的五二%。年齡越大，差距越大（以二〇一七年時的薪資為準）。

這種惡劣的現狀絕不能無視。

本書構成

為何中年世代不能安心工作呢？

日本經濟雖然開始好轉，但仍留下一批「中年打工族」，本書將焦點放在這些人身上，報導他們困苦的生活。採訪了許多當事人之後，我看到他們連生氣都做不到，只是被重重的無力感包圍而已。

以下簡單介紹本書的構成方式：

第一章以「中年打工族」為中心，介紹三四十歲世代的悲慘勞動環境。身兼三份工作養家糊口的四十三歲男性、以派遣工作再出發卻隨時可能面臨合約中止的四十歲單親媽媽、在地方政府擔任非正職看護的三十七歲男性，他們都是典型「在盛世中被遺忘的人」。從他們的身影中，可以知道這不是歸咎於個人責任就能簡單解釋的現實。

第二章介紹的是隱藏在檯面下的女性勞動問題，尤其要正視的是「懷孕解雇」及「懷孕歧視」。在報導中可以看見許多真相，像是由於懷孕而被公司中止了派遣合約，或是強迫上夜班導致流產等，女性的「工作困難」也跟少子高齡化相關。

第三章稍微改變視角，介紹了減少雇用配對錯誤的行政組織、重視勞工的企業、認真培養人才的企業等。如果這些措施可以推廣到日本各地，「中年打工族」的不幸也許就不會一再重複了。

只有當事人的採訪看不見整體面貌，光靠統計也見不到每個人的煩惱，因此本書想藉由採訪當事人及各種統計的介紹，看出問題的本質。

而除了第三章的企業訪問之外，其他報導中提到的人皆以化名呈現。

第一章

中年打工族的現實

1

中年男性的絕望——健司（38）的情況

「穩定的工作」到底在哪裡？

「好像每次跟你見面，我都處於最低潮的時候。」

這十年來一直跟我保持聯絡並接受採訪的石田健司（三十八歲），一邊苦笑一邊告訴我他的近況。他做的是日領派遣，每天縮衣節食過日子，生活非常不穩定。日領派遣的時薪在一千日圓上下，就算做一整天，拿不到一萬日圓也是常有的事。雖然有時做臨時工可拿到一萬日圓，但是不能挑工作。

有工作的時候，大家會在靠港口的車站集合，年紀從學生到中年人都有，但年紀越大的人，表情看起來越沉重。有時候要確認中國製糖果是否都整整齊齊地放在箱子裡，有時候要製作小鋼珠台。大家拿著從天花板上垂吊下來的電動螺絲起子，將螺絲轉進小鋼珠台的八個地方，從早到晚就一直重複這個動作。一個星期內，可以把螺絲旋入一千五百台小鋼珠台裡。

「時薪幾乎不到一千日圓。日領派遣大多是外國人在做，在工廠指導大家怎麼做的人當中，也出現越來越多的外國人。」

在專門做飯糰或麵包提供給便利超商的食品工廠裡，外國勞工占了大約一半，大家幾乎都不會講日文。提供熟食給超市的派遣公司，是由菲律賓人在監督大家，雖然戴著口罩，但在工作時仍然大聲談笑。外國勞工裡也有很多認真的人，但健司只要想到自己也是在其中工作的一分子，就覺得很不安。

「日領派遣是因為需求改變才存在的工作。現在這樣的工作內容，是永遠不可能成為正職的。」

除了要有這樣的覺悟，日領派遣還存在其他風險。

工地現場之類的派遣都是結束就沒了，所以無法一直持續；工廠的工作也一樣，如果能理解全部的流程或許會有所不同，但是以非長期為前提的日領派遣來說，能學到的頂多就是打釘之類一小部分的工程而已。

有些日領派遣打著一定有工作可接的招牌吸引人，健司也曾心動過，但這種工作的日薪大多是六千日圓，想要維持生計十分困難，更別提要存錢了。雖然健司也想找至少日薪一萬圓的工作，但這種工作很少，這樣下去連社會保險也沒辦法加入，國民年金和國民健保也很不穩定。

「很難從這種結構中脫離啊！明明年輕人的勞動力減少了，為什麼我還是找不到穩定的工作呢？」

他向我丟出這樣單純的疑問，我相信一定有很多中年打工族跟健司有相同的煩惱。

打工族也曾有賺很多的時候

健司生長於東京的下町，他在即將升高三前休學，有兩年的時間在超商或餐飲店打工，過著所謂的打工族生活；即使這樣月收入仍有三十萬日圓左右，在衣食上不虞匱乏。

只是在狹小的店內做久了，健司開始出現「想做能晒到太陽的工作」的想法，於是找到了宅急便公司的工作，開始利用腳踏車或機車送起貨來。

這種工作是接受大公司委託的自由工作，跟企業簽下業務承攬合約之後，每天都有源源不絕的工作寄到手機信箱裡；不過如果拒絕太多次的話，別人會認為你沒信用，漸漸地工作就不會上門了，因此不論什麼樣的工作健司都會接。東京都內不用說，連東北地方他也曾騎著機車送貨過。一天跑一百公里，費用依照距離不同有所變化，扣除利潤之後剩下的就是健司的收入。營業額一個月大概有五十萬日圓，不過平均每個月實際拿到二十萬左右；雨天特別好賺，只要肯接的話，實領可以達到四十萬日圓以上。

「就算高中沒念完，只要努力還是有希望的。」

健司就這麼咬緊牙根努力著。

這樣的工作持續了六年，雖然工作單位一直在變動，但不管怎麼變都只算是自營業或打工。這段期間內，外送員的工作範圍還加入了ＩＴ的業務。健司從別人那裡得知有知名的電腦廠商在徵求「維修工程師」，也就是修理印表機的外派員。只要去進修兩個月印表機的相關網路系統知識，就可以上工了。時薪是一千三百到一千五百日圓，相當不錯，也因此健司期待著「這是可以提升自身技能的好機會」。

健司雖然掛上了電腦大廠的員工證，趕到顧客的工作現場接受指示提供服務，但實際上健司是跟其他公司簽下承攬合約，所以其實算是「偽承攬」的狀態。

所謂的「偽承攬」，在書面資料上雖然是承攬（委託）契約的形式，但實際上卻是勞工派遣的狀態，基本上是違法的。所謂的承攬，原本指的是在工作完成時得到相對應的酬勞（日本民法第三六二條），但是在工作現場依照發包公司的指揮從事工作的狀態並非承攬，而是派遣勞動。所以被外包好幾次之後，搞不清楚真正雇用者是誰也是偽承攬常見的特徵，除了職責所在很難界定外，也很容易發生無法遵守基本勞動條件的問題。

健司的例子就是典型的偽承攬。在「三重派遣」的情況下，他感到很不安，認為「在這個業界沒辦法安穩地工作」，所以決定另覓他職。

被奪走的「穩定」二字

這時健司跟交往很久的女友有了想結婚的念頭，所以無論如何他都想走上正職員工的路。

筆者在二〇〇五年時開始重視雇用不安定是否妨礙結婚的問題，近幾年來也不斷以數字來做驗證；而序章介紹的總務省統計局〈就業構造基本調查〉有著最詳盡的資料。

此外，勞動政策研究暨研修機構〈年輕人的就業狀況、職涯、職業能力開發的現況〉（二〇一四年）中，顯示了雇用型態對結婚有明顯的影響。男性有配偶的比率，二十五到二十九歲的正職員工中有三一・七％，但打工、計時人員、派遣、約聘、外包人員等「非典型雇用」全體卻只有一三％。「非典型雇用」中，若只看打工或計時人員的話，只有七・四％。

三十到三十四歲中，正職員工為五七・八％、非典型雇用全體為二三・三％、打工或計時人員為一三・六％。可以說，有「正職」是男性結婚的條件之一；該調查還指出年收高的男性有配偶的比率也高。

二〇〇八年九月，健司被一家中小型的圖書印刷公司錄用，經過三個月的試用期，看似可以成為正職員工了。上班時間從早上九點一直到工作做完為止，有時還會到深夜兩點，月薪二十五萬日圓，這是健司人生中第一次加入社會保險。健司任職時，公司業績很好，工廠產能全滿。排班是兩班制，也有夜班，若加上加班費，月薪將近有三十萬日圓。

「我就快要成為正職員工了。終於能在新婚生活之後，過著安穩的日子了。」

如此高漲的期待，卻因為發生雷曼風暴而改變了健司的人生。

雷曼風暴是以二〇〇八年美國大型投資公司雷曼兄弟破產為發端而引起的世界性金融危機。雷曼風暴影響了全世界，當然也包括了日本經濟。隨著日圓高漲，出口製造業陷入不利的情勢，國內各工廠充斥著「派遣中止」的情況，被逼到成為遊民的失業者暴增。二〇〇八年十月二十八日，日經平均指數在泡沫經濟之後來到了最低的六千九百九十四點。

其中打擊最大的就是金融業跟不動產業了。健司的公司主要是印製不動產業的印刷物，所以業績一落千丈，工作量大減。不但加班沒了，實拿的薪水也減成二十一萬日圓，社長對健司轉成正職這件事也開始採取拖延戰術。

「這樣我可能還要兼個打工才能賺到錢了。」

健司察覺到公司的情況之後，放棄了正職員工的夢想，決心找其他兼職。他選擇把圖書印刷公司高時薪的夜班當成打工，白天則是做日領派遣，這樣合計的薪資大約有三十萬日圓。

開始日以繼夜地工作之後，他跟妻子幾乎見不到面，一年之後夫妻感情生變，走到離婚這一步；而圖書印刷公司的工作量也變得更少，最後連這份兼職都不保了。

只體驗過一次的「正職員工」經歷

「我已經什麼都沒有了。」

健司離開曾經跟前妻合住過的大樓，搬進共租公寓開始過著日領派遣的日子。

共租公寓是將已經廢棄的工廠重新改建的房子，住了大約三十到四十人。裡面用隔間來劃分空間，房間就是大概兩個榻榻米大的空間，裡面隨意放置一張上下鋪的床。油的臭味久久不散，灰塵很多，很容易讓人喉嚨痛。因為沒錢，生病也沒法看醫生，就算是樂天派的健司，到了這個地步也快撐不下去了。

即使這樣仍然不能放棄希望，派遣公司介紹了一份工作給健司，在宛如地獄的生活中，健司彷彿看見了從天而降的蜘蛛絲要來拯救自己。

「就算是日領派遣也沒關係，只要每天都有工作就好了。即使是正職員工也有可能會因為好景不常而被資遣。公司要是倒掉就什麼都沒了，所以我不能依賴別人，一定要讓自己擁有獨立自主的生活。」

健司過了兩年的日領派遣生活，其間也繼續求職，找尋自立的可能性，這時終於有了成為正職員工的機會。

一開始健司是以派遣員工的身分進去的，社長、上司和健司三個人一起打拚事業，在三年半的時間內員工增加到十個人。當拿到第一次的「月薪」時，健司終於在沒有明確契約的情況下成為了正職員工，月薪實領約十七到十八萬日圓。

健司以ＩＴ支援行政人員的身分常駐在知名服飾公司總部，工作內容是負責處理客戶端收銀機等系統方面的問題。

健司白天在門市要做電腦導入及執行的工作，詢問故障等問題的電話總是絡繹不絕，一直要到晚上才能專心處理店面的事。在勤務時間內要完成工作相當困難，而週末更是會從全日本兩百間門市一口氣湧進超過一百個問題。

為了逃離這樣誇張的工作量，健司離職了。他曾經體驗過的「正職員工」也僅只這次，直到現在他仍是以日領派遣的工作維生。

像健司這種工作形式，在社會保險制度上是被遺落的一群，他們連醫院都不能去，因為非正職員工連投保民間保險的錢都沒有。

其實還是有支援這一類非正職員工的機構，可以讓他們安心工作，那就是由勞工工會營運的共濟互助組織。例如日本醫療勞動工會旗下，就有提供給從事醫療或看護勞工的「醫勞連共濟」，加入這類互助組織的條件是需要加入工會，而且不管是非正職雇用勞工或是他們的家族都可以加入。配合「生命共濟」、「醫療共濟」、「交通災害」的「組合式共濟」，保費最低一個月只要八百日圓。如果因為流行性感冒之類的病請假五天以上時，也可以拿到請假給付，造福了時薪或日薪制工作的非正職員工。日本醫勞連的共濟負責人表示：「同時加入共濟跟工會的人可以認識其他夥伴，在職場中不會再被孤立，在跟公司交涉改善勞動條件時也變得比較容易。」

這種社福安全網的建構，不就是國家該做的嗎？

2 離「景氣回復」還有好遠的路

被「三份工作」追著跑的日子——信也（43）的情況

「安倍經濟學的例子只適用於電視上才看得見的大公司，我們這些『最底層的人』並沒有得到任何好處。」

藤田信也（四十三歲）的狀況也是個活生生的例子。自從數年前失業之後，他在北關東便靠著打三份工勉強維持生計。沒日沒夜地工作，讓他幾乎沒辦法見到妻子和年幼的孩子。

信也的妻子原本是看護，但因為勞動環境過度惡劣所以離職了。因為妻子討厭看護的工作，信也認為她不會再重操舊業，不過家計實在難以維持，所以妻子有一陣子曾暫時回到職場，只是她的收入全部被安親費用吃掉了，所以信也認為沒什麼意義。

信也的公司跟他說：「你想要上班的話，就一定要做夜班。」晚上信也因為工作不在家，所以妻子不能丟下小孩去上夜班，但長照機關也多半會表示：「如果不上夜班的話，就沒辦法以正職雇用你。」最後兩人只好放棄雙薪家庭的夢想。雖然妻子有考慮投入其他產業，但因為孩子還小，實在很難找到合適的工作。

信也打三份工，全部都以計時人員的身分被錄用。量販店時薪八百日圓、餐飲店時薪七百五十日圓、公共機關時薪七百五十日圓。一天實際工作十到十二小時，幾乎每天都沒有休息，除了工作還是工作。

在不同上班地點間的通勤也要花時間，信也就這樣過著早出晚歸、回家就睡覺的日子，中餐則在開車等紅綠燈時匆匆忙忙以飯糰果腹。這樣全力打拚的月薪總共大概二十萬日圓，但扣掉國民年金保險或國民健保等保險費之後，手邊有的錢寥寥可數，而且食材等物價和水電費用一直不斷上漲，還好住國宅的房租每個月不到一萬日圓，才能勉強過得下去。

來到量販店的腳踏車專賣區，每位客人都說：「只要能騎就好了，我只要便宜的就好。」信也說：「能花十萬日圓買電動自行車的人，應該都是玩小鋼珠一次就中的人。」

在餐飲店也可以從客人點的餐觀察到真正的景氣。開高級轎車的業務點的是六百日圓的大碗蕎麥麵，他們絕對不會點一千兩百日圓的天婦羅蕎麥麵。看起來像是主管階級的五六十歲上班族也一樣。「在鄉下地方的餐飲店或物流業工作，就可以體會到現在的景氣怎麼樣了。」信也忍不住顫抖。

這幾年來他也不去投票了。

「反正都是自民黨贏。有時間去投票還不如上班賺錢比較實在，我一點期待也沒有。」

信也用錢包裡的三千日圓買了樂透，買完之後他的紙鈔就全都花光了，但那是他義無反顧的決心。「不過仔細想想，還是很空虛。用這樣一點點錢來做個美夢……」信也凝視自己握著彩券的手。

信也腦海裡突然浮現曾經學過的這首短歌，現在他的心境簡直就像石川啄木的世界。由於日子過得很不好，現在信也已經回東北老家生活了。

因為憂鬱症而進入非正職的循環——武志（44）的情況

「你四十四歲啊，這個年齡不是當個小主管之類的也不奇怪嗎？」

面試時聽到對方講了這句話，身為中年打工族的野村武志（四十四歲）就知道面試公司是繞著圈說「我們不會錄用你」，一瞬間他感受到了年齡的高牆。

從專門學校畢業後，武志在一間小旅行社工作，但因為過於繁忙，他下定決心離職，轉行跑去一間中型藥妝店上班，兩家公司都是正職。藥妝產業就算在不景氣的時候，店面數和業績仍然會持續成長。由於同時設有調劑的藥局，可以招攬到回頭的客人，再加上產品種類豐富，自有產品線的擴大可以提高利潤，諸如此類的經營策略成功奏效，因此當然會有職缺產生。

武志工作非常用心，終於升為店長，但事實上只是個沒有執掌權限的「虛名店長」。只要有人突然請假，身為店長的武志就必須代班，幾乎無法好好休息。武志在當店長之前還有加班費，但成為店長之後就沒有了，所以薪水比之前還少。

儘管如此，武志還是做出了成績。不管客人提出多小的建議，武志都會很認真地聽進去，並藉此努力理解顧客的狀況。例如對想要早點治好感冒的客人，武治會推薦他不只要買感冒藥，還要買營養劑；對容易疲勞且蔬菜攝取不足的客人，則會推薦對方維他命，他一直非常用心設想如何提供適合的產品給客人。此外，店的對面是一家皮膚科診所，武志心想不能賣錯誤的產品給客人，所以還買了皮膚病相關的專業書籍自學。

武志的用心成功了，回頭客變多，業績比前一年增加五到十個百分點。但是再怎麼努力地把數字跟成果結合在一起，店長的薪水還是一樣，包含店長津貼共二十四萬日圓，沒有改變；而且過量的工作也仍舊不減。

就這樣過了四年，有天武志剛踏進店門口就感覺心臟像是被人緊緊握住一樣，喘不過氣來，連站都無法站——他就這樣原地坐著好一陣子。後來去看醫生，但心電圖或超音波檢查都沒有異狀。此外他還常常會前一秒莫名地情緒亢奮，但緊接著下一秒就突然沮喪得落淚。

有一天，他看到自動販賣機之後，突然萌生一股想踹翻它的念頭，但他也意識到「啊，我是怎麼了！」，於是問全體員工：

「你們覺得我最近的態度怎麼樣？」

大家都說「沒精神」、「很容易生氣」，所以武志就到身心科掛號檢查，結果判定是憂鬱症。這時他也受到上司的職場霸凌，變得自暴自棄，雖然社長站在他這一邊，但是半年之後他就到臨界點了。

從正職轉成非正職的理由

再這樣工作下去我會死掉！武志因此從藥妝店離職了。

團塊世代的父母對沒工作的武志說：「憂鬱症不是病，單純是你太懶了而已。」父母完全不理解他的痛苦，武治就算在家也是坐如針氈。有天父母又責備他：「你只要轉個念頭，病就會好了。」結果武治終於暈了過去。後來送急診，之後的一個星期他都處於失憶的狀態。

從藥妝店離職一年後，武治雖然重新開始工作，卻一直在非正職工作中轉換。失業潮世代在黑心企業工作，因此造成身心問題而離職的案例並不少見；而離職後成為非正職或無業，造成職涯中斷，最後變成中年打工族的例子則更多——武志正是其中一人。

剛畢業時雖然找到正職，但在黑心企業工作後而變得疲累不堪，最後轉型為打工族的例子其實很多。

根據勞動政策研究暨研修機構的〈非正職雇用之壯年勞工的工作及生活相關研究〉（二〇一五年）指出，男性在壯年期（三十五到四十四歲）會成為非正職員工，或多或少是由於在二十歲前半時期從事販賣、服務業（無需資格）、餐飲業等工作的影響。而該份研究也指出在壯年期轉職時，即使是正職員工，離職、換工作的原因若符合「深夜時還在上班」、「每週只休一天」、「（因工作）曾得到身心上的疾病或受傷」、「在職場上被霸凌或被挑毛病」、「一週工作時間超過六十小時」等，與不是上述原因的人相比，後來換的工作為非正職的人增加了三．九個百分點。

此外勞動政策研究暨研修機構的〈年輕人的離職狀況及離職後的職涯發展〉（二〇一七年二月）調查中，詢問「第一份工作為正職者，在離職一年後的狀況」，男性約有三成、女性約四成轉為非正職；而療養、休養的案例也是男女都有一成左右。若正職的任職期間越短，離職之後轉為非正職的比例越高。

「星期六日想休假？還真是嬌貴的人」——幸平（33）的情況

在即將進入被大家認定是中年的三十五歲之前，這位男性十分苦悶。

住在北海道札幌市內的廣田幸平（三十三歲）煩惱地想著：「搞不好當太太的扶養親屬，或者是當打工族都還比較好。」雖然如此，但幸平現在的雇用方式究竟算不算正職也很難界定，而且他的年收入只有一百二十萬日圓。

一般公認「三十五歲是轉職界限」。在三十五歲之前，還有希望可以換工作，但現實是若在原本職缺就少的地區則十分困難，就算還年輕也很難脫離打工族的狀態。

幸平畢業於東京都內的知名大學，在一家大旅行社做正職。他被分配到地方的分店，從業務開始做起，但是工作環境卻十分惡劣。雖然星期六日休假，但公司內部卻沒有放假的氣氛，一旦幸平等新人在週末休假，前輩就會寄來「你今天沒有來公司上班嗎？果然很嬌貴啊！」的信件，所以大家不得不免費到公司加班。比起有效率地完成工作，長時間待在公司更重要，這就是黑心企業的真面目。

此外，隨著年資增加，業績要求也越來越多。當業績不好時，上司就會緊抓著這一點叫幸平過去罰站，狠狠地訓斥他一兩個小時，完全是濫用職權。

當時幸平很希望自己「身體快點垮掉」、「好希望得憂鬱症」，也察覺到自己的精神狀態不佳；接著他喪失了幹勁，業績越來越差，所以又被上司抓去痛罵……就這樣陷入了完全負面的循環。

在進公司四年之後，有一天幸平眼前看到一片綠，接著他便倒了下去。「啊，精神上的問題看來也影響到身體了！」幸平確認了這一點，想著「我不能再去公司了」。他跳上車選擇失蹤，因為他已經到了忍耐的極限。幸平沒有打電話跟公司說他要請假，手機響的時候也沒有勇氣接聽。

幸平睡在車上，平時在超商看免費雜誌，就這樣渾渾噩噩地過了一星期。後來他先回到自己一個人住的大樓，卻遇到了另一位上司。「我很擔心你是不是還活著。」上司說。那位上司跟大樓管理員借了備用鑰匙，進了幸平的房間，之後幸平感覺：「我沒辦法再回公司了。」便跟公司請辭了。

每天跟著一人公司社長忙得團團轉的日子

幸平抱著「怎樣都無所謂了」的念頭，一鼓作氣搬進位於北海道的女友住處，他跟女友從學生時期就開始交往。幸平因為身心狀態太差了，所以一邊在量販店靠著時薪八百五十日圓的打工度日，一邊藉由運動來修復心靈上的創傷。由於有失業補助津貼，所以他一天打工約四到五小時，每週只要做三四天就可以了。女友很認真地上班，幸平就暫時在家做做家事，過著當家庭主夫的生活，還一邊找工作。

雖然已經不想再做業務類的工作，但要從業務轉到行政類的工作實在很難。他體認到：「一旦當業務之後，就只能永遠朝業務這條路走下去。」後來幸平在當地一家中型規模的印刷公司以正職員工的身分開始工作。業績不難達到，公司內部的氣氛也很好，只是最重要的薪資方面，實拿只有二十萬日圓，再加上一年的獎金約二十到三十萬日圓，並沒有什麼前途。

女友在一家很穩定的公司上班，年薪約五百萬日圓，但需要一直轉調各地，而幸平的工作也需要全日本各地輪調。考慮到日後兩人要結婚，他開始煩惱：「如果之後兩個人都調職到其他地方怎麼辦？」於是朋友介紹他去保險業上班。

朋友的說法是，先在大型保險公司當實習生學習三年，實習結束後如果能獨當一面的話，年薪一千萬日圓以上不是夢。「或許這是一個轉機」，幸平決定轉換跑道，並在實習期間跟女友結婚。

代理店只有他和社長兩個人。在當實習生的第三年，社長跟他說：「我在找接班人。」因此幸平成了員工。雖然有加入社會保險，但在雇用合約的部分卻有很多灰色地帶，一開始月薪只有十萬日圓。過了三個月後，社長說：「下個月開始幫你加薪三萬日圓吧！」但薪水增加的幅度少得可憐。

薪資袋內有現金和薪資明細，基本薪資十三萬日圓扣掉健保、勞保和年金保險後，明細上記載的零頭都被去掉，算法十分隨便。雖然沒有業績壓力，上下班時間也很自由，但取而代之的是業績就算有成長也不會加薪，公司沒有制定規則，一切憑上司決定。這樣連房貸也繳不起，生活費幾乎都要靠太太支付，如果自己一個人住一定沒辦法負擔。

過於嚴酷的地方現況

有一天，前公司的後輩因為想蓋房子，於是來找幸平商量保險的事。後輩的年薪有四百萬日圓，幸平則實領大概一百二十萬日圓，雖然他心想：「如果當初待在前公司就好了。」但是孩子剛出生，所以幸平又感覺：「就算年薪有四百萬，但現在這種自由自在的工作也許才是最好的。」心境十分複雜。

他們夫婦倆想要有兩個孩子，而妻子也處於不知何時會調工作地點的情況。想在三十多歲轉職的話，要在北海道地區找到超過妻子收入的工作很困難，如果

有效求人倍率的變化

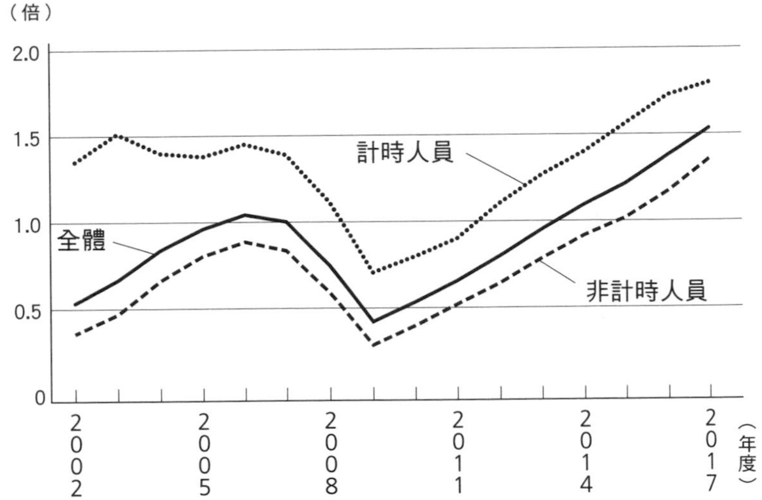

（資料來源：厚生勞動省〈一般職業介紹狀況〉）

妻子轉調他地，那麼幸平最好選擇工作環境比較自由的職業。雖說如此，但全職工作的話，上班時間會落在星期六日，這樣家事和照顧小孩的工作又要讓妻子來做。

幸平為了增加收入，開始從事副業，只是他說：「考慮到工作時間和相對報酬，也許去超商打工或直接當妻子的扶養家屬會比較好。」

近年來，有效求人倍率（譯注：企業的需求人數與求職人數之比）有增加的趨勢。從二〇一八年八月〈一般職業介紹狀況〉（厚生勞動省）的有效求人倍率來看，去掉應屆畢業生後，包含打工時數的數值為一．六三倍，超過了即將泡沫經濟化之前（一九九〇年）的一．四三倍。相較雷曼風暴時的〇．四五倍（二〇〇九年），可以說已經回升非常多了。

不過，我希望大家能留意一下職缺也包含計時人員這一點。二〇一八年八月的新增求人倍率高達二．三四倍，但其中時薪制的打工族有三十八萬兩千七百九十八人，去掉打工族後的數字為五十八萬一千六百四十四人。雖說看起來數字回升了，但正職員工的有效求人倍率仍停留在一．一三倍。

非都市的地方狀況更加嚴苛。從都道府縣的有效求人倍率（依就業地區別）來看的話，幸平居住的北海道在全日本是最差的一．二三倍。二〇一八年八月的北海道，正職員工的有效求人倍率是〇．八四倍，低於全日本平均值的一．一三倍。

在正職員工職缺少的地方，想要找到安定的工作並不容易，而中年打工族以及未來可能成為打工族候補的年輕人人數也絕對不會少。

3 結得了婚的只有正職員工？

沒有穩定工作的中年人——恭介（45）的情況

「雖然很想當正職員工，但已經放棄了。」

木下恭介（四十五歲）在即將滿四十歲時陷入半放棄狀態。恭介曾經在英文補習班當過正職的英文老師，但因為工時過長，二十八歲時自律神經失調，因此辭去了補習班老師的工作。一年後他感覺「再不回去上班，以後就沒辦法工作了」，因此轉成不用加班的派遣員工，重新從事行政工作以回歸職場。

當時就業市場十分嚴峻，被稱為「超級就業冰河期」的開始。習慣了派遣的工作之後，就算要找正職員工的缺也很難找到。過了三十歲，恭介想要再轉職也極度困難，因此他就一直以派遣員工的身分工作著。

只是派遣合約隨時會中止的不安定感，終究還是讓他產生了想要當正職員工的念頭。

恭介開始找可以活用語言專長的工作，雖然派遣方面有職缺，但是卻沒有正職的缺。若是正職的話，都是業務那類一定要加班的工作。

讓他再次擁有希望的是女友。為了結婚，恭介選擇了中小型廣告公司的正職業務，那裡有著比補習班老師時期更多的工作等著他。龐大的業績壓力讓他每天都搭最後一班電車回家，年薪三百二十萬日圓，但沒有加班費。由於壓力過大，他得了胃潰瘍，接著開始出現憂鬱症傾向，一年後他辭去廣告公司的工作。女友看到恭介的樣子，開始擔心自己的將來，最後選擇離他而去。

好一陣子茫然不知所措的恭介，在「三十歲前期還能重新來過」的想法下奮力一搏，一邊做派遣一邊找正職的工作，想要在某天還能和另一個人相遇、然後結婚。如果沒有安定的工作，是無法得到女方諒解的，恭介這樣想著。

雷曼風暴之後，女性期待男性能給予「安定感」的意識越來越強。例如二〇一〇年發表的AKUSA保險調查——〈成年女性危機意識調查〉中，就提到了三十到四十歲左右的獨身女性選擇結婚對象的必要條件。

從名次來看，第一名是「價值觀」（六一．八％）、第二名是「金錢觀」（二七％）、第三名是「穩定的雇用型態」（二六．三％）這三K（譯注：三個選項的日文發音開頭皆是K）。曾經是泡沫經濟時代三K選項的「高收入」、「高學歷」、「高個子」，則分別跌到第九名、十九名及二十名，影響變得非常小——這份調查可謂顯示了女性的現實志願。

此外，依據二〇一六年連合總研的〈第二次非正式員工的工作方式及意識相關實態調查〉顯示，男性的非正職員工有八九．六％為未婚，年收入越低則未婚率越高。例如，年收入一百萬到兩百萬日圓為九三％；兩百萬到未滿三百萬日圓的為八九．一％，未婚率相當高；三百萬到四百萬日圓未滿的未婚率則為七二．五％。

渴望有穩定工作的恭介，他做的行政職是非典型雇用，若是正職員工，業務勞動時間會很長。恭介也考慮過，若要找能長期做下去的工作，是不是該去上職業訓練班。但是會計等職缺也都是非正職，就算是很有可能成為正職的系統工程師等領域，工時也都非常長。

「這真是四面楚歌。」恭介非常苦惱，但即使這樣他還是不斷面試找工作，只是都因為沒有專長而沒被錄取。非正式雇用的期間越長，找工作就越不利，這是中年打工族問題的根源所在。

恭介一直沒有找到之後可能會成為正職員工的優良派遣單位，在未來一片混沌的情況下，恭介早就放棄了正職的夢想，也開始有了可能找不到工作的覺悟。

與相親無緣的每一天——拓也（43）的情況

「工作一直不穩定，所以我真的很不想迎接四十歲後的人生，再這樣下去不要說結婚了，老了以後該怎麼辦。」

在序章開頭介紹過的松本拓也，他的心情非常焦慮。

只要有工作就好。拓也不挑工作地點，他曾在地方工廠或小店家上班，住的是公司宿舍。雖然他期望有一天能結婚生子，但只要沒有一定的收入，就沒辦法跟上相親的風潮。

拓也畢業於餐飲相關的專門學校，因為經濟不景氣而找不到工作，只好在餐廳打工。雖然他曾經在關西的酒類量販店當過正職員工，但很快就因為公司業績變差被裁員；翌年，他又被捲進了裁員風暴中，從那之後，拓也在工作上便陷入了負面的輪迴。因為是被公司立即解雇，所以跟公司租的房子也被要求馬上退租，他頓時就失去了工作和住處。

沒有存款的拓也跟朋友借了搬家的費用、租屋的押金和給房東的禮金，在苦無生活費之下，拓也利用信用卡的現金貸款借錢，最後債務竟然膨脹到三百萬日圓。

拓也嘗到了一夕間同時失去工作與住所的恐怖。

「無法借貸的人連房子都租不成。」

根據東京都〈喪失住所之工作不穩定勞工實況調查報告書〉（二〇一八年）指出，利用二十四小時營業的網咖或漫咖度過夜晚的無殼蝸牛，每天在東京都內約有四千人。這些沒有住處的人當中，屬於工作不穩定者（派遣、約聘、時薪、打工）約有三千人，這個數字完全不輸金融海嘯當時的「網咖難民」。從年齡上來看，三十到三十九歲最多，有三八．五％；其次是四十到四十九歲的一九．七％。而從勞動型態來看，也是以三十到三十九歲的中年人為工作不穩定族群的最大宗，有三八％——拓也差點就要成為其中的一員。

拓也一直找不到新的工作。由於光靠打工付不起房租，他決定去供應住宿的工廠做外包工。

他搬到了滋賀縣，在電子大廠或汽車工廠的生產線當零件組裝作業員。只是當訂單變少時，合約常會突然中止；產線有所調整時，雇用人數也會跟著調整，這是非常嚴峻的現實。生產線效率化以及減少成本是企業最優先重視的事，所以隨著景氣惡化，作業員的生計隨時有可能受到影響。

從以前開始，日領粗工或遠赴他鄉工作這種不穩定的雇用就一直存在著。然而，近年來不穩定的原因在於企業主不直接雇用臨時員工或計時人員，而是透過外包或派遣公司的形式讓責任變得更曖昧不清，也加速了無情的解雇。

拓也雖然還在找工作，但是因為沒有汽車駕照，在鄉下地方找工作很困難。

就算他去找職缺多的業務或是長照工作，也會因為一定要有車，而不得不放棄。

他想要考駕照，但卻沒有上駕駛訓練班的錢；就算去職業介紹所，徵人的條件前提也都是要有汽車駕照。

拓也感覺自己被找工作的壓力逼得喘不過氣來。為了轉換心情，他曾經跑去地方婚姻介紹中心詢問，不過毫不意外地吃了閉門羹。

年長的介紹中心員工對他說：「首先你一定要找到工作，但如果你願意入贅到農家，那也是一個方法。」雖然滿街都是結婚介紹服務的宣傳，但拓也深刻感受到「結婚是跟失業以及低薪男人無關的事」。

在那瞬間他體悟到自己是「人生的魯蛇」，難道中年打工族連結婚都不被允許嗎？

對於看不見的未來的展望

拓也在工廠的這段期間，一邊打工或當臨時工，一邊不死心地繼續求職，之後很幸運地找到了新工作。他在序章提到的東海地區某酒類量販店，以約聘員工的身分重新開始，月薪是三十萬日圓。雖然包含了一個月七十小時的固定加班費，但到了三十三歲，他才終於體會到擁有與自己年紀符合的薪水是什麼樣的感覺。

他被分配到靜岡縣的門市，公司也提供租屋，雖然是約聘員工，拓也卻是以副店長的身分開始工作。公司的構成只有店長是正職，約聘員工有二到三人，其餘則是計時人員。除了計時人員以外，其他人每個月平均要加班八十三小時，而年底到新年那段時間加班時數更是高達一百三十小時。

但是公司並不支付超額的加班費，拓也心想：「這樣不會過勞死嗎？」而且他很懷疑到了四五十歲之後，他還能繼續在零售業工作嗎？

周圍的同事一個接著一個辭職了。從二〇一七年厚生勞動省的〈雇用動向調查〉中可以發現，離職率最高的是觀光餐飲服務業的三〇％，而拓也任職的批發零售業也高達一四．五％。這個職業雖然辭職之後還是找得到工作，但就業狀況仍然十分嚴苛。

此外，在通貨緊縮的經濟環境下，零售店家林立，捲入價格競爭的量販店很難生存。拓也的公司也經歷了縮編整併，最後他被調到東京，但加班問題仍然持續。拓也認為自己「工作到快要過勞死，至少要拿到相對的酬勞」，因此他要求公司支付全額薪資，結果他的契約很快就被中止了。

為了活下去，他在物流中心或食品工廠做日領制的晚班打工，因而領悟到了一件事。

「就算急著想要成為正職員工也沒辦法。這樣下去，我到了四五十歲仍然交不到女朋友。」

餐飲業或零售商店雖然一直在徵人，但薪水都很低，且大部分都不是正職員工，而這樣的情況不會好轉。二〇一六年的國稅廳〈民間薪資實況統計調查〉指出，「批發零售業」的平均薪資（含獎金）為三百六十四萬日圓，其中薪資落在一百到兩百萬日圓的比例占最多，為全體的一九．五%。

拓也為了逃離跟失業不相上下的負面工作循環，下了重新開始的決定。為了節省生活費，他搬到房租四萬日圓的國營住宅，一邊領一個月十五萬日圓的失業補助，一邊去職訓局上課學習電腦等相關知識，朝著正職員工的道路前進。

其實企業對於雇用一個長期未從事正職的人，態度相當消極。特別是在降低成本或利潤結構上有難度的零售業，像拓也這樣想在同行內轉職、加薪或轉正都不是那麼簡單。只要不轉換到其他行業或職種，就無法從不穩定的工作循環中脫離，這就是現實。

企業的「免洗非正職」或「虛名正職」，都會剝奪使年輕人成長的勞動機會。只要沒有在組織中受過洗禮，就有很多人無法學會企業期望的專業。

企業端普遍強烈地希望員工可以「先工作之後再來確認能力」，但間接雇用型態的導入，使得各公司實際上都是將人事外包給人力仲介公司，自己的公司內部反而沒有判斷人才的眼光。

如此一來，非正職想要轉正經常都是在同一公司內才有可能，離開職場後就算再去接受職業訓練，也很難跟穩定的工作連結在一起，這是當前的問題所在。要讓非正職員工往上爬，就需要提供讓他們能夠一邊工作一邊接受職業訓練的機制。

因此，在企業沒有餘力培養人才的現在，各地政府機構一定要建構一個能支援企業的安全網才行。

4

「遵循法令」而生的非正職

非正職的單親媽媽——由夏（40）的情況

單親媽媽由夏（四十歲）對於自己的派遣員工身分已經快忍無可忍了。

「明明知道契約可能突然會被中止，卻還要努力工作，這實在是很難受的一件事。」

由夏在孩子還小的時候就跟先生離婚了。未離婚之前，她是全職家庭主婦，所以有一段工作空窗期，但她希望以派遣員工的身分作為人生的再出發。

由夏曾被派遣到東京都內的批發公司，工作的內容是訂單等資料的輸入。契約書裡寫的是「辦公室自動化指導相關」，屬於二十六種派遣專業業種（譯注：日本派遣法中規定具高專業性的二十六種業種）中的其中之一。合約每兩個月更新一次，時薪一千三百日圓。平均一個月的收入為二十二萬到二十三萬日圓，但因為還包含交通費，所以當假日多的時候，收入就會變少。

由夏被派遣過去的公司的正職員工離職率很高，好像是為了填補這些空缺才找派遣人員。但只要業績變差，派遣員工的合約就會立刻被中止。

「什麼時候會被開除都不知道，我只能抱持著『公司需要我』的想法繼續努力。」

一年之後，由夏的業務量增加，還要處理客人使用產品上的問題，跟顧客以及公司業務部之間的確認作業也變多了，所以連中午休息的時間都要工作。跟要派公司的上司談過之後，時薪加了七十日圓，但是從那之後上司態度大變，一副「你自以為你是什麼身分」的樣子，由夏每到合約更新的時候，就會擔心「該不會不續約了吧」。幸好兩年後，她就成為了新進員工及新進派遣員工的指導小組長，成為職場上「必要的存在」。

最後由夏的時薪調到一千四百七十五日圓，但這絕對不是什麼良好的待遇。

由夏感覺和正職員工的薪水差距很大，但就算和上司暗示「想要成為每年更新一次合約的約聘員工」，上司也只是含糊帶過。

「這樣下去，我會失去對工作的熱情。」

由夏想要成為安穩的正職員工，哪怕是再小的公司也好，因此她離開了工作三年半的批發公司，開始找正職的工作。

二〇〇四年，修訂後的勞動者派遣法開始實施，出現了「三年規則」。厚生勞動省規定，除了軟體開發或辦公室自動化指導、調查分析等專業的二十六種職種之外，其他職種的派遣勞工期間限制為三年。三年之後，若還想要繼續雇用派遣員工的話，就必須以正職員工或約聘員工等形式直接雇用。

然而實際上如何呢？企業對於服務了三年的派遣員工，常以「遵守法令」之名，輕易地結束他們的合約，而非雇用他們。這是由於勞動基準法規定「結束雇用要在三十日之前預先告知」，因此在兩年十一個月的時間點，公司便會結束派遣合約。

不僅如此，二〇一五年九月修訂的勞動者派遣法，也將原本列為例外的二十六種派遣專業業種列入三年的上限，使勞方產生了「三年之後會被解雇」的恐懼。另一方面，對企業而言，只要換個人就可以繼續找派遣的員工。

由夏從報紙上得知勞動者派遣法修訂之後，感到非常憤怒。

「我在合約上算是二十六種派遣專業業種之一，如果當時我一直工作下去，不就會被解雇嗎？政府到底是站在哪一邊去修法的？」

厚生勞動省的〈勞動者派遣事業報告書統計結果〉指出，二〇一六年度在同一要派單位工作一年以上的派遣員工全體一百零二萬人中，符合「三年規則」的有三萬五千八百八十一人；其中被公司直接雇用的僅有一千八百二十四人，可見這道門有多麼窄。如果員工無法直接被雇用的話，大多數會被介紹去新的要派公司，但派遣契約的期間以「兩個月以上至三個月以下」最多，有二六．四％，其次為「一天以下」占二五．四％，是非常不穩定的工作。而且平均薪資以一天一人八小時來算的話，為一萬兩千六百二十四日圓，並且內含交通費，所以絕對不算高薪。

百害無一利的「三年規則」

現在看來，二〇〇四年是雇用環境激烈改變的轉捩點，非正職員工從這一年開始成為了弱勢。

發端是剛才提過的「三年規則」。三年之後，為了讓派遣員工能在同一職場繼續工作，所以政府訂定了直接雇用成為正職員工的修法，看起來也算是想要減少非正職的政策。

但對企業而言，人事費用一定要降低，因此不管什麼理由都不想讓派遣員工轉正。為了達到這個目的，逃避正職化的公司便以「遵守法令」的名目，中止了全部的派遣合約。知名的代表例子就是食品製造商味之素跟Canon，這兩家公司的派遣員工後來找了能夠以個人名義加入的工會，選擇走上跟公司抗爭一途。

此外，「三年規則」不僅適用勞動者派遣法，連修正後的勞動基準法都要納入，結果非正職雇用的上限也變成三年，產生了「三年後就棄而不用」的現象。不管是誰，在短期內都不得不一直更換職場，好不容易習慣了現在的職場和工作內容，卻必須立即再前往下一個新環境了。

這背後的意義非常沉重，就是派遣跟非正職員工很難累積工作的專業，擔心正職與非正職之間差距擴大，以及一旦成為非正職後就會一直如此，這些憂慮都已成為了現實。

公司喜歡用派遣的理由之一，是因為「正職員工不容易解雇」的事實。從公司的立場來看，派遣依法可以在第三年「解雇」，另一個好處就是可以用便宜的薪水來「試用」。

筆者接觸過的採訪對象中，有在食品公司做了十年原物料進口的派遣員工。每天他都要先確認當日價格，再去選擇要進口哪家廠商的貨，這是一件肩負重責大任的工作，然而當「三年規則」導入之後，他就立刻收到解雇的通知。

食品公司給的理由是這樣的：「如果讓一個人轉成正職的話，其他派遣員工也必須轉正不可，但我們辦不到。」

決定命運的二〇〇四年

為什麼會讓這樣的解雇規定通過呢？

其實「中年打工族」的悲劇之所以發生，二〇〇四年可以說是決定他們命運的時間點。這一年惡名昭彰的「三年規則」剛通過，製造業的派遣也解禁了（派遣期間為一年），而專門領域的派遣則改為無期限。如此一來，派遣員工完全被認為是「正職員工的代替品」。

派遣員工可以隨著生產需求增加或減少；也就是說，派遣員工被認為是調整人力雇用的關鍵，這一點是正職員工跟非正職的外包員工都無法辦到的。對於當時陷於困境的製造業而言，派遣員工的解禁是非常好的事。

同一時間還有「專職派遣」橫行。所謂的專職派遣是指企業在集團內成立派遣公司，被該派遣公司錄用的人派遣到集團內的其他企業，不過集團內的派遣從二〇一〇年起被限制只能在八成以下。有關特定對象的派遣，雖然在派遣法第四八條第二項被認定是勸告對象，但在各類職種的徵人廣告中，仍然會看到「可以至某某公司上班」這樣的句子。

筆者認識的某位地方電視台經營者曾明白地告訴我：

「主播在二十幾歲時是最有人氣的，只要換成年輕的女主播，收視率就會好，所以我們會讓子公司成立派遣公司，找新人主播進來，過一陣子之後再請她們走路。」

這些話語裡沒有半點罪惡感，我聽了也無言以對。

不知是否因為消費稅將要調漲的關係，最近一直聽到景氣好轉的數據。總務省指出，二〇一七年的完全失業率為二．八％，與二〇一五年的五．一％相比，真是有恍如隔世之感。進入二〇一八年之後，八月的數值（初步數據）為二．四％，也是有改善的跡象。只是非正職雇用者持續增加的結構仍然不變，二〇一七年再創過去新高，非正職有兩千零三十六萬人。

雖然正職人數增加了，但仍然不能因此安心。安倍政權持續推動「工作型態改革」，其中引人注目的政策為建立「高度專業制度」，並於二〇一八年七月公布了相關法令。

所謂的高度專業，是指將高收入的專門職業（例如年收一千零七十五萬以上

正職雇用及非正職雇用勞工的變化

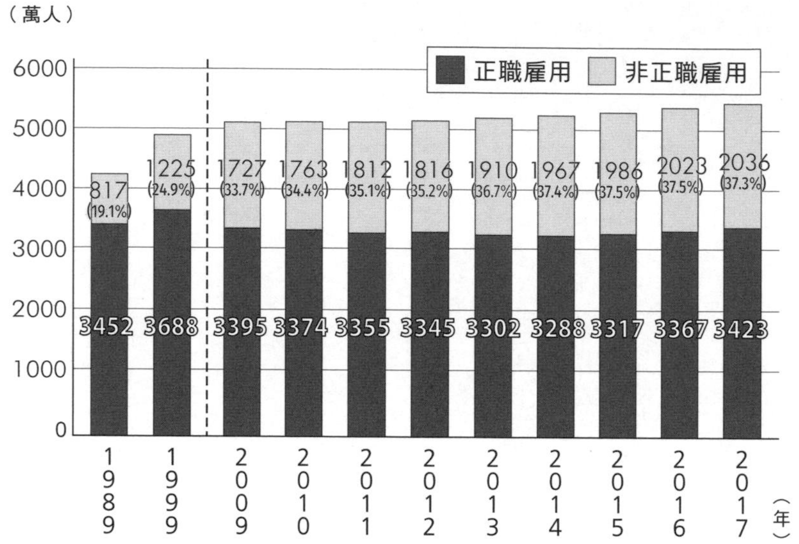

（資料來源：總務省〈勞動力調查〉）

的管理顧問或財務顧問等）從工作時間外勞動的規範中去除的制度，但其實不過是將過去曾被批評的「白領除外規定」或「零加班法案」換個名字罷了。同時，作為「工作型態改革」的一環，工作時間外勞動時間的上限規範也大幅放寬。原則上是一個月四十五小時，一年三百六十小時，若臨時有狀況的話，可以將上限提高到一年七百二十小時，一個月不超過一百小時（含假日上班），複數月平均八十小時（含假日上班）。由於過勞死的界線是一個月八十小時，因此引來相當大的爭議。

有關將工作時間外勞動規範廢除的動向，東京新聞在二〇一八年六月二十一日，刊出了以革新派聞名的竹中藏平的訪問。竹中的理由是知識密集型的產業比重很高，並指出：「給生產力低的人加班費之類的補貼，以常理來看很奇怪。」

為何執政黨不顧勞方的大力反對仍要強行通過呢？在高度專業的背後，財經界「就算薪水都有確實發出，也看不到成長」的想法才是真正的原因吧。象徵性的例子還包含賭場在內的綜合型休閒遊樂渡假村實施法案。立教大學金子勝特聘教授針對該法案表示：「只能拚命用賭博來吸引觀光客，正是安倍經濟學的現狀。」（東京新聞，二〇一八年六月十五日）完全點出了安倍政權面臨的困境。

就算是正職員工，雇用關係不夠穩定也是有可能的。安倍經濟學如果真的想要讓景氣持續回復，這種雇用政策是沒有用的，這裡可以隱約看出財經界的現況。

某個經濟團體連合會的高層指出，「想要裁掉泡沫經濟時大量錄取的員工或是有憂鬱症的員工，在法律上很困難」、「在國內產業空洞化時，企業需要一個可以調整雇用人力的環境」，說明了放寬解雇規定是財經界的殷切期盼。

另外，對占了日本企業九九％的中小企業來說，提高正職員工薪水的重要性一年比一年高，只是現實卻並非如此。

東京都產業勞動局〈中小企業薪資狀況〉（二〇一七年版）指出，有薪資單的企業只有四三．七％，而薪資單的有無跟企業是否有工會有著極大的關聯。擁有工會的企業有薪資單的比例為六七．六％，而沒有工會的企業則只有四一％。定期調薪也是有工會的企業實施比率較高，可以說工會的組織率就算變低了，但重要性仍然不減。

「穩定的經濟」和「穩定的雇用」是表裡一體的關係，為了實現後者，結構改革甚為必要。

5 黑心的農業職場

沒得吃、沒得休息、沒有希望——祐樹（42）的情況

老家在首都圈的小玉祐樹（四十二歲），起心動念想從打工族轉職成農夫，雖然他很有行動力，但前途卻多災多難。

祐樹在三十歲之後，因緣際會參加了農業研習，累積了自己的農業經驗；他曾到過一眼望去只有田地的地方，體驗過農業生活，並在三十歲中期左右進入農業大學。日本有四十七所農業大學，學費一年約十幾萬，包含其他費用大概是三十萬日圓左右。因為負擔不重，祐樹便決定念一年制課程，住在學校宿舍。

畢業後，祐樹透過職業介紹所找到了首都圈的工作。一開始他在賣蔬菜給義

大利餐廳的農家工作，月薪二十萬，雖然是「正式員工」，卻沒有社會保險。工作時間從早上六點到晚上九點，一天工作十五個小時，卻沒有「加班費」的概念。一年三百六十五天都要出貨，連星期天也要輪班；一個月只能休三天，過年也只有元旦那天可以放假。

祐樹完全沒有出去玩的時間，也沒空種植自己喜歡的農作物，「一直這樣，我都不知道到底是為了什麼而工作了。」因為他感到進退兩難，只做了一年多就決定轉職。

祐樹想著：「我想成為專業的農民。只要想到有一天會成為自營農民，就感覺不要離開物流方便的首都圈比較好。」因此他又開始找工作。但就算是人手不足的農業，正職的工作跟首都圈的職缺也比想像中少。

祐樹在神奈川找到的工作是計時人員，起薪為六百五十日圓。因為祐樹有經驗，所以時薪是八百日圓，但公司是家族企業，職場霸凌嚴重，獎金也是看老闆心情要給不給，因此他只做了幾個月就離職了。

之後祐樹去了好幾次職業介紹所，他注意到每次有職缺的都是同樣的法人或農家，而之前的公司也在徵人。他領悟到：「一直在找人的地方，一定是經營者有問題」。

後來他去茨城縣的農業法人工作，社長一家三口加上員工六人，其中有三人是外國研修生。

冬天主要種白菜等室外蔬菜，雖然是全職工作，但卻沒有社會保險，時薪是一千日圓。一個月大概有十八到二十萬日圓的收入，但如果遇到大雨之類不出勤的日子，就不會有薪水。

上班時間從早上七點半到天黑為止，一天會出貨一千到兩千箱。祐樹雖然以前也有在大型農家做過白菜或萵苣採收及出貨，還是感到相當辛苦，「那時人更多，而且一天出貨也才兩百五十箱」。

雖然公司在農忙期會雇用臨時工，但因為工作太辛苦了，很多人連一天都撐不下去。祐樹自己也因為工作過度，常常腰痛或是手抬不起來。儘管如此，祐樹說：「跟之前的公司比，現在工作的上班時間至少會間隔十二小時，而且星期日也一定會放假。」

由於工作十分辛苦，祐樹理解到，想要認真從事農業需要更大的決心，但他也開始對勞動條件感到懷疑。祐樹並不是對薪水不滿，只是當初進公司時，在房租補助方面會補貼一半（兩萬三千日圓），但某個月開始，津貼卻突然減少成兩萬日圓。祐樹問了老闆，老闆只是淡淡地說：「嗯，從這個月開始變成兩萬。」

祐樹不安地想著：「這樣我沒辦法安心工作。」因此他又開始找新工作了。

沒有勞動基準法的世界——康弘（43）的情況

目標是在枥木縣能獨立務農的平林康弘（四十三歲）也深切地感受到了：「光靠務農要吃飯是很困難的。」

康弘也同樣受到求職冰河期影響而不得不過著打工族的生活，為了脫離這樣的困境，他跟祐樹一樣決定以農業起家。

康弘透過農業實習學到了栽培農作物的技術，跟農家或鄉下的人們感情也很好；只是在找工作上，他發現：「幾乎沒有幾家農業法人確實投保社會保險，就算在農業法人工作，也常因為是家族企業，所以完全無視勞基法。」

在理解到「光靠自己的力量開始務農，不是一件簡單的事」的前提下，他下定決心：「接下來我要在地方生根，試著自己開始耕種。」康弘在關東或東北找尋自己能「落腳」的地方，最後選擇了栃木縣。他花光自己所有的存款，買了一棟六百萬日圓的房子，那是一棟中古的獨棟式樓房。由於康弘買房時沒有工作，所以不能貸款，全部都用現金支付。

「只要多認識一些地方上的人，得到大家信賴，我就可以跟一些年事已高的農民借農地耕種了。」

康弘在附近的觀光旅館打工維持生計，每天工作八小時，月薪十五到十六萬日圓，旺季時一個月可以有二十三萬日圓的收入。他說：「一開始絕對沒辦法完全靠農業來過活，如果不從事農業以外的工作是很難謀生的。」

一個沒有經驗的人要從事農業，首先遇到的難題就是低薪及土地和機器等初期的高費用。就算有職缺，月薪大概也是落在十六萬日圓左右，而正職的雇用收入則更少。

即使是以農業為主的縣市，情況也一樣。我曾經聽某市議員說過：「就連派遣公司都因為利潤太低而不願加入這個業界，想靠農業吃飯真的很困難。」然而該市議員所屬的地區，還是在市町村農業產出值上名列前茅的區域。雖然國家或地方政府也在思考對策，但因為都是從單一年度預算來考量，所以很難有成效。

農林水產省調查，二〇一八年的農業就業人口為一百七十五萬三千人（概算值），與二〇一〇年的兩百六十萬六千人相比，約減少了八十五萬人。二〇一七年的新進農民為五萬五千七百人，已經連續兩年跌破六萬人，當然無法補足整體的減少幅度。

想從製造業或服務業轉行到農業的案例當中，很多人不是無法適應，就是教導的農民沒時間好好教。在農忙時期，深夜兩三點就要起床收成；暴風雨或颱風來襲時，又要面臨農作物損失的情況。看到農業這樣艱苦的一面，有些人就放棄了。

就算想要持續經營農業，仍然會有職場上的問題，或是出現選錯農業領域的情況，想要穩定做下去並不容易。

6

「非正式公務員」的憂鬱

雖然在故鄉找到了工作——健一（37）的情況

從事長照服務業的吉田健一（三十七歲），在關西的地方政府醫院擔任臨時雇員。這份工作可以做到六十歲，雖然如此，健一仍然無法釋懷：「為什麼我一直都是非正職員工呢？」

健一在風光明媚的農村長大，從農業高中畢業後，就去都市的私人企業上班。由於老家有著「長男要回故鄉」的習慣，他在二十五歲時便離職回到了故鄉，然而老家除了農業以外，其他工作只有區公所、醫院、長照中心等等。一般私人企業的職缺極少，就算有也幾乎都是業務缺，健一的朋友就算是正職也只是虛有其名，不但薪水低且要一直加班，週末上班也是理所當然。

健一在地方政府發行的文宣上，看到了徵求地方醫院照服臨時雇員的工作。原本他在中學時就常被別人說很適合這一行，但他的個性就是愛跟別人唱反調，所以後來才進了農業高中念書。考慮到新工作可以往長照發展，健一就一邊在地方醫院工作，一邊取得了照顧服務員的資格。

健一被分配到恢復期復健棟，跟護理師一起幫忙病人換尿布或輔助病人進食。沐浴看護及病床的環境整理也是照服員的工作，另外由於醫師人數少，所以拔除點滴針頭全部由護理師負責。

恢復期復健棟本來應該是病情穩定的病患復健的地方，但是後來施行胃造口術（利用管子將液體送入胃中取得營養）的患者卻變多了。由於症狀較嚴重的患者增加，原先的病床數從五十床減成了四十床，但儘管如此醫護人員還是不足。

日班的體制是四位護理師和一位照服員，一位患者住院就會分配給一位員工。有病人原本在其他醫院治療腦中風，在症狀穩定後由急救直升機運送到這裡；也有病人是轉院開始復健後病情再度惡化，結果又轉回原本的醫院。常會有很多患者病情急轉直下，還有主訴胸痛的患者，在夜班人員小睡一下時死亡的案例。也曾經有防止跌倒的鈴聲大作，結果跑去一看，病人已經摔下去了……這些意外都讓健一擔心不已。

某些患者無法自由活動，雖然健一知道要看著他們直到能做完復健動作為止，但由於他很想趕快結束工作，所以常常等到不耐煩，就提早出手幫病人做動作。這讓健一很矛盾，心裡會想著：「在某種意義上，我也算是工作很馬虎。」

跟自身工作無關的會議也非常多。現在健一手頭上有許多工作要忙，比起照護病患，醫院更重視的是幾點要做什麼的時刻表。本來應該兩人一起幫忙的病患體位變換，也因為人手不足而只能一個人協助。健一的腰部出了問題，如果改成腰不會痛的姿勢，又會變成膝蓋痛，連脖子也出現了慢性痠痛。

「今後還能做多久的長照工作呢？」

這樣的不安襲上心頭，增加人力是他由衷的期望。

照顧服務業是辛苦的工作

照顧服務業的勞動條件雖然比一般民間企業好，但也無法讓人滿意。

剛進來時，基本薪資是十四萬到十五萬，並以每年三千日圓的幅度調薪；另外還有獎金和退休金。後來薪資制度變更，臨時員工和非正職員工的基本薪資起薪調高為十七萬，但相對地取消了獎金和退休金，結果整年的年收仍然沒有變。公司找人時只不過是為了讓薪資看起來好看，所以在數字上做了手腳，但無論工作多久勞動條件都不會變好。

就算工作超過十年以上，基本薪資仍然停留在十七萬日圓。健一說：「只好靠上夜班。夜班是兩班輪替制，從下午四點半到隔天早上九點，加上夜班津貼和加班費後，月薪雖有二十三萬日圓左右，但實領大概是十七萬日圓。」

臨時雇員和非正職員工的待遇比起正職員工差很多。除了喪假及產假以外，其他條件都對非正職員工不利。因為健一是開車通勤，所以交通費是從自家的距離開始算，在四到六公里內，正社員是五千九百日圓，臨時雇員和非正職員工則只有四千日圓。若超過二十公里，則分別是兩萬一千七百日圓和一萬兩千日圓；

共濟互助組織也只有正職可以參加，非正職不能參加。

因為工作太辛苦，所以連正職的照服員或護理師也都紛紛離職了，但健一認為只要能從事照服工作，不論去哪裡都可以；取得照服員資格，跟同職場的護理師結婚生子是他一直以來的心願。

「我想要一直做下去啊！這個工作很有成就感，只要身體沒出問題，我就想要一直待在同樣的職場。」

醫院口頭上說不會停止雇用，如果有意願的話，至少可以做到六十歲。而實際上，也真的有非正職的照服員或營養師超過六十歲仍繼續工作。

若想要成為正職員工，需要先通過一般的公開招考，跟學生一起接受一般通識的考試。不過因為有夜班要上，加上孩子要顧，所以想好好念書是非常困難的事。以前年齡限制在三十歲，最近則提高到四十五歲。

就算如此，也是招募人數只有四人左右的窄門。成為了正式職員後，在臨時雇員時期的經歷不會被認可，薪資依然是從起薪開始算，讓人感到照服員在人手不足的長照業界依然不受到重視。

無限延長的非正式雇用

「為什麼和正職做相同的工作，我的薪水卻比他們低，難道我到六十歲都只能是非正職嗎？」

這樣大的矛盾，其實也是因為法令修正在背後推波助瀾。

依據二〇一三年四月一日起實行的勞動契約法修正，不論名稱是計時人員、臨時工、派遣員工還是約聘員工，在一年契約或半年契約等有期限的勞動契約上，同一員工如果在合約超過五年後仍要更新，勞方如果提出申請，就可以轉換為「無限期勞動契約」。

政府會修正此法有兩個原因：一方面很多有期限契約的勞方，在三年或五年的上限之後就會被解雇，一夕間失去工作；但是另一方面，無法轉成正職、一直是非正職的話也會產生問題。所以二〇一八年四月，在法律的名義下，產生了大量的「無限期雇用」非正職員工。

健一也是「無限期臨時雇員」的其中一名。能夠一直做下去固然很好，但跟正式員工之間的差距，一直沒有被彌補。

健一的妻子是正職護理師，所以家中生計主要由她扛起，但她的工作時數比健一還長。當晚班結束後，照服員可以準時回家，但護理師還要寫看護紀錄等文件資料，所以常忙到將近中午還在加班。由於妻子也值夜班，所以兩人的夜班一個月至少會重疊兩到三次。健一的孩子還很小，分別是七歲和二歲，他們讓孩子跟自己的父母住以方便照顧，讓雙方都可以值晚班。

妻子因為工作負擔過重，常把「好想辭職」掛在嘴邊，雖然為了家庭在忍耐，但就算哪一天真的離職也不奇怪。妻子也是站在「成為中年打工族」或是「沒工作」的分岐點上。

無論是女性最具代表性的護理師職業，或被認為是穩定工作的地方醫院正職員工，都因為人手不足造成長時間過度勞動，而使得許多人不得不從職場上退出。再加上還要照顧年幼的孩子，在兼顧工作上更是困難，晚班也是照顧小孩的女性在持續就業上最大的障礙。

此外，不僅護理師，女性在懷孕後被解雇或冷凍的「懷孕歧視」也十分盛行，現在四人中就有一人遇到這樣的情況。中年女性打工族的存在似乎因結婚而讓問題難以被看見，但追根究柢，女性再怎麼努力也無法扭轉情勢，主要還是來自於社會長年以來的不理解。在二十到三十多歲這段時期，女性想工作卻無法工作的原因，是由於懷孕而被職場拋棄，這個事實我們絕對不能漠視。

下一章我們將把目光轉到是什麼造成女性表現的機會被剝奪。

第二章

壓抑女性的社會

1 不能生小孩的職場

「第二個小孩」是奢侈品——正志（41）的情況

「雖然太太說想要再生第二胎，但靠現在的收入，我連能不能養大第一個孩子都沒有自信。」

住在東海地區的佐藤正志（四十一歲），從三年前就放棄再生一個小孩的夢想。

在就業冰河期從大學畢業的正志，是個一直在各種非正職中轉換工作的中年打工族。現在他是業務外包契約的食品販賣業務，但是每個月的保障薪資只有十萬日圓，剩下的就是業績制。地方的景氣不算好，月薪再高也只有十五萬日圓左右，加上國民健保跟國民年金的負擔很重，因此星期六日正志會做搬家工人之類的臨時工。

比正志小五歲的妻子本來是做派遣的行政事務工作，但因為懷孕被解雇。之後每次面試，公司都以她有小孩為由拒絕，所以一直找不到工作。因為生活吃緊，正志每天都帶便當到公司。「瓶裝飲料太浪費了，所以我不會買。」正志自己帶水壺節省過日子，為了家計焦頭爛額。

事實上，無法好好吃一餐的家庭有多少呢？日本國立社會保障暨人口問題研究所實施的〈生活支援調查〉（二〇一七年）中，調查了過去一年間是否曾因為經濟問題而買不起食材的家庭。

有雙親及小孩的三代同堂家庭回答「完全沒有」的數據占了八四．四％，但回答「經常有」（二．一％）、「有時有」（四．三％）、「很偶爾會有」（八．三％）等合計顯示，有一四．七％的家庭經歷過食物短缺。正志也一樣，在發薪日之前，買東西都要先確認荷包後才敢買。

正志為了盡量增加工作、賺取收入，所以一星期只休一天，不過他休息的時候會努力跟孩子相處。從孩子開始學步到可以慢慢走幾步，再到不靠別人自己走路，一路看下來，正志深深感受到孩子成長的可愛。

去附近公園散步時，自己家的孩子跟別人家的孩子總是玩得很開心。每次看到這樣的場景，妻子都會跟正志說：「反正我也沒辦法再找工作了，要不要再生一個。等小孩再大一點我就可以去工作了，至於錢總是會有辦法的。對孩子而言，我覺得再添一個弟弟或妹妹比獨生子好」。但是正志一想到「現在的工作不知道什麼時候會失去，而且我的體力總有一天會到達界限」，就無法以正面的態度來回應妻子。

丈夫跟雙親都不能仰賴的苦悶感——智美（38）的情況

在北關東的老人照護中心擔任助手的大久保智美（三十八歲）表示：「帶小孩和做家事都靠我一個人，我快要不行了。」每天她都感到焦頭爛額。

跟她年紀一樣大的丈夫是工程師，長時間的工作不可避免，他說：「小孩生下來之後你要工作也可以，但我是不會幫忙做家事的。」直接表明完全不會幫忙。智美的收入一個月約十五萬日圓，因為不多，所以經濟上要仰賴月薪二十八萬日圓的丈夫。丈夫每天都半夜才回家，週末也要上班，當然不會幫忙做家事和帶小孩，所以這也在智美默許的範圍內。

小孩一歲半時，是智美最辛苦的時候。只要稍微不注意，孩子就會在牆上亂塗鴉、打翻水杯，這些都是家常便飯。有時小孩還會趁人不注意時離開家裡，跑到馬路上，完全不能大意。「養第一個小孩已經分身乏術了。」家事沒辦法好好做，智美在掃地時，小朋友會大聲哭喊「媽媽——」家裡總是像暴風雨過後般混亂。智美不安地想著：「之後真的能在沒有人幫助的情況下養兩個小孩嗎？」

智美因為公司人手不足而無法請育嬰假，生完三個月以後就被叫回職場工作。明明有小孩，上司卻施壓「希望你可以輪夜班或晚班」、「如果你沒辦法輪夜班就把你調成打工人員」，儼然是職場霸凌。

娘家的雙親相信「三歲小孩神話」（小朋友在三歲之前一定要給媽媽帶，不然會對小孩有不好的影響），反對智美回職場，因此智美也無法拜託父母帶小孩。結婚當時智美本來想要生三個小孩的，但現在這樣的環境下，「我連說想要有第二個小孩都不敢」，智美輕輕嘆了口氣。

有小孩要養育的三十多歲男性中，每週工作六十小時以上的人約有兩成（總務省統計局〈勞動力調查〉）。丈夫因為上班勞累不堪，所以家庭中由妻子負責全部的育兒及家事，這樣的偏頗成了常態，所以「第二個小孩」也越來越難以達成。

公益財團法人「1 more Baby應援團」（理事長森雅子）於二〇一八年五月發表的〈夫妻生育意識調查〉指出，回答「理想是生兩個小孩以上」的已婚者有六九．九％。自從該調查實施以來（二〇一三年起），這是第一次跌破七〇％。二〇一六年為八一．一％，是歷年來的最高紀錄，但之後卻急速下滑。此外，回答「生第二個小孩難度很高」的人也占了全體的七四．三％。

受到「不再生第二胎」問題威脅的日本

原本女性隨著年齡增加會遇到「卵子老化」等難以懷孕的狀況，現在隨著晚婚、晚生而來的「不再生第二胎」也成為了問題。

「生第二個小孩難度很高」的原因

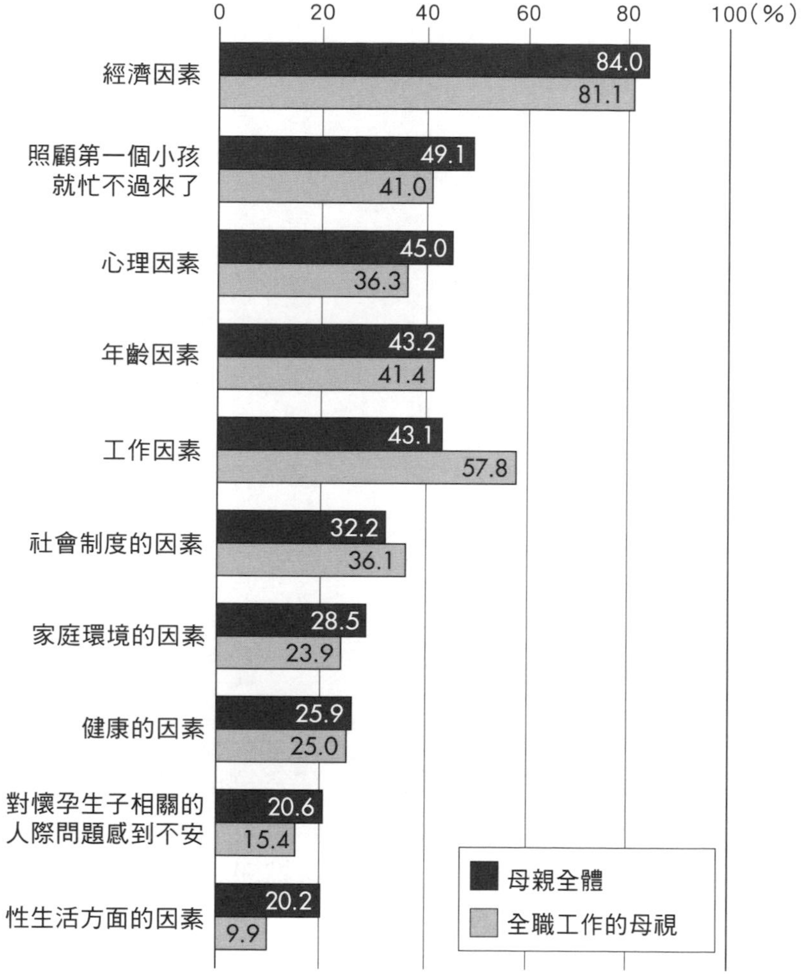

(資料來源:1 more Baby應援團〈夫妻生育意識調查2018〉)

但更嚴重的是由於工作不穩定等經濟要素導致的「不生第二胎」。前述的〈夫妻生育意識調查二〇一八〉中，回答「生第二個小孩難度很高」的主要原因中，母親全體以「經濟因素」（八四％）為首位。全職工作的母親回答「工作因素」也高達五七．八％，擔心生了第二個小孩之後回歸職場時會影響工作。其他主要原因（母親全體）還有「照顧第一個小孩就忙不過來了」（四九．一％）、「（帶小孩等）心理因素」（四五％）、「年齡因素」（四三．二％）等等。

排名第六的回答是「社會制度的因素」（三二．二％），例如對教育或托兒的未來不看好、托兒所問題，以及懷孕、生產、育兒期間男女雇用的環境提高了「生第二個小孩的難度」，這個現實也不容忽視。

對國家而言，為了達成理想的小孩生育人數，讓父母收入穩定、不會過勞是理所當然的條件，另外具有一定的托兒所數量也很重要，然而以現狀來看，目前都無法達成。

女性「不生」成為社會問題已經很久了，且這個現象也和人口減少的爭論連結在一起，讓「不能生」的女性很焦慮。

另一方面，「想生卻不能生」的女性逐漸增加也是事實。這裡可以看到「使人不生育的社會」的真實面。明明本來能生小孩，但卻因為社會制約而無法實現，把這樣的情況當成「機會成本的損失」或許有些語病，但對於現今能生一個就是一個的日本來說，這樣的狀況實在讓人感到不安。

與「不生第一個」相比，「不生第二個」在社會上的危機感較不明顯，也不會引起太大爭論，對於人口減少的日本而言，這種傷害就像溫水煮青蛙般一點一滴地侵蝕著國家。國家的政治及行政體系應該要盡快發現事情的嚴重性，提出對策。

尤其必要的是，建立一個能讓女性安心上班的工作環境，這對於正值工作盛年卻一直當非正職員工、薪水調漲不如預期的男性也一樣重要。然而女性因懷孕生產被迫離職、想復職卻要面對重重難關的案例層出不窮，這種「隱藏的貧窮」在統計上很少被呈現，造成了社會理解不足的事實。

生育離職的問題一直在發生。總務省統計局〈就業構造基本調查〉顯示，過去五年因為「生產、育兒」而離開上一份工作的人，二〇一七年增加到一百零二萬四千八百人。其中在調查時沒有工作的有七十一萬人，而就算再次就業仍以非正職居多。〈打工勞動者綜合實態調查概況〉中，詢問仍要工作的理由時，回答「做為維持生計最主要的賺錢方式」的女性有一七．五%。當中回答「為了維持生活所以不可或缺」有三六．四%，這些已婚或有小孩的非正職也應該被當成「打工族」的一員。

在非正職中，「不用調低薪資」就符合扶養範圍的三十五到四十五歲女性，二〇一七年有四百一十四萬三千兩百人。〈就業構造基本調查〉這個數字可以被認為就是女性的「中年打工族」也不為過。

為什麼不論是已婚或未婚都會產生這樣的狀況呢？以下將報導女性面臨的各種困難。

2 被封閉的「正職員工」之路

阻礙轉職的高牆——博美（39）的情況

體會到失業潮可怕滋味的不只男性，女性有更悲慘的現實在等著她們。

二〇〇二年畢業於東京知名私立大學的水野博美（三十九歲），實際嘗到了失業潮的嚴苛滋味。

博美在求職時向將近一百家公司投遞了履歷，一通過書面審查就一家家進行面試，但最後畢業時她並沒有拿到任何公司的錄取通知。求職失利的不安，使博美心裡想著「做派遣總比沒工作好」，因此登錄了派遣公司。在上了商業禮儀和電腦操作等研習課程後，她得到了事務性質的工作——當時像博美這種以非正職出社會的年輕人非常多。

派遣契約每三個月更新一次，由於剛出社會還不習慣，加上短期契約不知何時會停止，所以她每天都過著胃痛的生活，並在工作時死命地記住流程。在同一職場待了三年之後，她建立了良好的職場人際關係，也能獨當一面了。上司暗示說：「如果你能成為正職就好了。」讓博美心裡竊喜不已。

然而她的期待卻落空了，原因是二〇〇四年勞動者派遣法的修訂，出現了「三年規則」。「三年規則」大大改變了失業潮世代的命運，種下之後產生許多中年打工族的遠因。

為了避免重複，這裡僅簡單說明一下重點。所謂的「三年規則」就是同一名派遣員工從事同樣的工作三年之後，要派公司有義務以「正職員工」或「約聘員工」的形式直接雇用該員工。只是實際上員工並不會被直接雇用，而是出現「三年後棄之不顧」的現象。

此外，約聘員工或計時人員就算是直接雇用，也會有合約上限為三年的問題發生。三年這樣的期間正是已經習慣職場和工作，能獨力作業的時候，如果每三年就必須換工作，那麼員工就無法累積職場經驗，只能一直重複非正職的循環。

「三年規則」讓派遣中止成為社會問題，正職員工的雇用進展緩慢，企業只要打著「重視法令」的名號，在雇用的本質上採取「有名無實的正職員工」做法也不足為奇。

博美在派遣即將邁入第三年時合約被中止了，當然她也沒有轉成正職員工被錄用。從那之後，每一到兩年她派遣過去的公司就會更換，雖然她想要成為正職，但是大概從她二十八歲開始，每次在面試時都會被問到有沒有結婚的打算。博美後來結婚了，接下來就是被問何時要生小孩。其實從男女雇用機會均等法的觀點來看，面試時詢問今後的預定是違反法令的。

博美就這樣以非正職的身分來到了三十歲後半，轉職也越來越困難。由於博美結婚了，雖然在統計中看不出來，但她其實也是典型的中年打工族。

「女人想要成為正職員工，是不是不能夠結婚或生小孩呢？」

博美很後悔地想著。

協助學童課後輔導的非正職員工——真澄（40）的情況

「大概是因為我沒有完整的正職員工經驗，所以才會安於現狀吧。」

櫻井真澄（四十歲後半）有點麻痺地說。

真澄在剛畢業時做過私人企業的正職。她是業務，所以下班時間總是很晚，生活作息不規律，有沉重的業績壓力，因此學生時期曾拿到小學教師執照的真澄，開始考慮去做教小朋友的工作，一年之後便離職了。

之後，真澄就在地方政府機關擔任學童指導員這項學童照顧的工作。所謂的學童照顧，是指基於兒童福利法建立的機制，法律上的正式名稱是「放學後兒童健全育成事業（兒童課後俱樂部）」。針對家長因為工作而不在家的小學生，提供放學後可以讓他們玩耍或生活的空間（例如學校的教室）——真澄對於自己能在學校裡工作感到非常開心。

厚生勞動省的〈放學後兒童健全育成事業（兒童課後俱樂部）實施狀況〉（二〇一七年）指出，全日本共有兩萬四千五百七十三所兒童課後俱樂部，登錄的兒童數有一百一十七萬一千一百六十二人。但課後學童指導員的正職職員比例很低，占五〇％以上的只有山形縣和沖繩縣兩縣而已。正職員工的全日本平均比率是二七．六％，由此可知支援課輔學童的主力是非正職員工，而真澄也是以非正職員工的身分被錄用的。

真澄工作的職場沒有正職員工，所有業務都由非正職員工處理，不管是來一年的新人或是做了十年的人，薪資都一樣，可以拿到一點退休金但沒有獎金，這點讓真澄很不認同。雖然她跟機構商量過能否改善待遇，但機構只是回答「沒有人可以有特別待遇」，很乾脆地拒絕了真澄。

「我也工作好多年了，是不是可以升遷呢？」

真澄有這樣單純的疑問。在一般公家機關如果遇到什麼事故或狀況，都是由正職員工承擔責任，但實際上這裡卻是由第一線的非正職員工來負責。真澄也根據這一點跟機構協商過，但回答卻是「讓只雇用一年的員工升遷是很奇怪的事」，完全不理會她的意見。

迎向四十歲後半的真澄，非常擔心地想著：「之後如果得了乳癌或因為生病而請假怎麼辦？」

真澄一直是獨居，如果她在三十多歲時結婚的話，生活或許還可能有點變化，但她的生活方式這二十年來都沒有改變。月薪實領十幾萬日圓雖存不了錢，但勉勉強強還過得去，只是之後如果父母需要照顧時，該怎麼辦呢？

「跟學童接觸的工作是很吸引人的。這是一份可以自己思考、不會被形式局限住的工作，我做得非常開心。」

另一方面，真澄也這樣說：

「體力倒是越來越不行了，沒辦法追著孩子跑或待在大太陽下太久，當我五六十歲時還可以做得下去嗎？」

真澄每天都有這類不安的想法。

正職與非正職員工間的薪資差異

前面提到博美一邊在派遣公司工作一邊找正職的缺，但現狀是一旦成為非正職之後，想要轉回正職極為困難。

總務省統計局的〈勞動力調查〉（二〇一七年）中，詢問為何從事非正職的主要理由，有一四・三％的人回答「沒有正職員工的職缺」。這種「非自願的非正職」從年齡層上來看，三十五到四十四歲有五十一萬人（一四・五％），四十五到五十四歲有六十萬人（一五・四％）。

此外，厚生勞動省的〈能力開發基本調查〉（二〇一七年度）指出，非正職員工接受教育訓練的機會約只有正職員工的一半，由此可見非正職這件事本身就很容易扼殺專業的提升。

另一方面，非正職員工一直停留在非正職的比例為何居高不下？理由並不是能力比別人差，現實是他們就算想找工作也找不到。這些非正職員工中，有很多人是正職員工的代替品，做同樣的事，負相同的責任。

厚生勞動省每五年調查一次的〈打工勞動者綜合實態調查〉（二〇一六年）中，詢問到為何選擇以打工維生時，最多人回答「想要在自己方便的時間工作」，占了五七・〇％，但是也有人回答「無法以正職員工的身分被錄用」（七・四％）或是「找不到正職員工的職缺」（一一・七％），這種非自願的非正職所占的比例將近兩成。

該調查顯示出正職員工及非正職員工的工作雖然實際上一樣，但薪水方面卻有顯著的差異。過半數的打工族都感到不滿，例如「明明工作內容和該負的責任與正職一樣，薪水卻比正職低」（二一．八％）、「沒有通勤津貼或退休金，或是比正職低」（二一．七％）等數值都如實顯示了待遇上的不平等。

雇用方面產生的差異益發嚴重，隨著年齡增加，影響也越來越大。尤其是女性在三十歲前後都會被問到有沒有結婚生子的計畫，正職員工之路被卡住的案例時有所聞，因此女性放棄結婚生子的現象也變得明顯，這也是中年打工族增加的原因之一。

不易被看清楚的中年女性打工族

派遣被中止的女性，會考慮轉換跑道去其他公司，並試著轉職，但是身為女性及年齡這兩點卻成為一道關卡。

博美回憶「面試的時候被問到好幾次有沒有結婚的計畫」，還有一位面試官這

女性平均首次結婚、頭一胎生產年齡與總和生育率

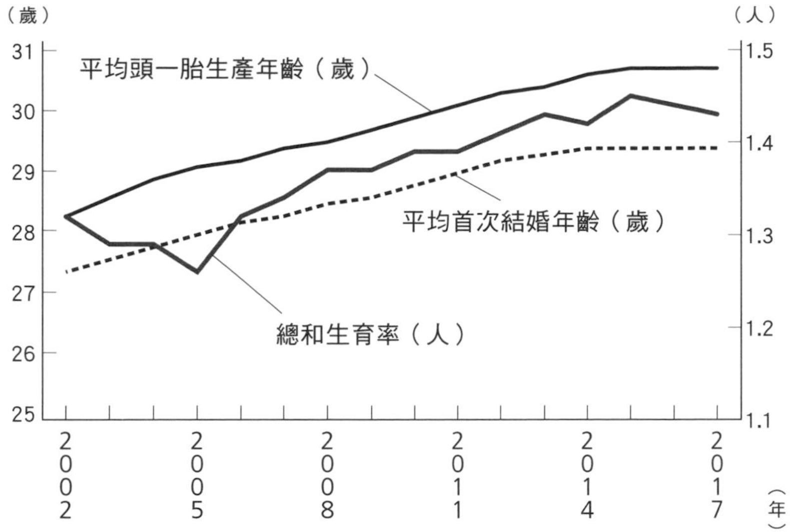

（資料來源：厚生勞動省〈人口動態調查〉）

麼說：

「我們沒有這麼多時間，要錄取三十歲左右的女性真的很困難。這些人一進公司就結婚或懷孕，給我們造成很大的麻煩。如果有考慮要生小孩的話，很難被錄取。」

厚生勞動省的〈人口動態調查〉顯示，女性的晚婚情況越來越明顯。二〇一七年的首次結婚年齡為二九．四歲，首次生產的年齡為三〇．七歲——女性在三十歲左右會遇到轉捩點。

在三十歲時結婚的女性，面試時就算謊稱「還沒有生小孩的打

算」也不會被錄用。某間人才介紹公司的負責人就表示：「在懷孕或育兒期沒辦法讓她們加班，所以女性的年齡在工作上很不利，尤其是沒有正職經驗的話會更困難。」

也就是說，這些女性一開始路就被卡死了，就算想要換工作，也只能一直做派遣或是打工等非正職。

總務省統計局的〈勞動力調查〉指出，二十五到三十四歲的非正職員工比率在這二十年來大幅上升。女性勞動力的M型化雖然改善了，但這是拜非正規雇用所賜嗎？還是因為她們放棄了結婚，選擇繼續工作才有的結果呢？

不管是討論失業或從事不穩定工作的狀態，結婚都會像一層遮罩，讓女性的中年打工族問題難以被釐清。

不周全的強制規定是不夠的

正值適婚生育期的女性若是非正職員工的話，公司以懷孕為理由而解雇的案例屢見不鮮。非正職的女性員工在二〇〇九年時一度減少到只有一千兩百萬人，但之後又持續增加，二〇一七年時為一千三百八十九萬人。

有一對想要早點有小孩的夫妻，先生雖然是正職員工，但獎金卻被減半，沒有加班，月薪實領約二十萬日圓，雖然是正職也只是虛有其名。

如果身為約聘員工的太太沒有收入的話，就無法維持家計了。但是過了三年之後，太太的契約到期，轉為正職錄用的機會也十分渺茫。由於前途不明，無法生小孩，他們看到收入穩定的朋友一個接一個有了小孩，心情越來越焦慮不安。

「我本來以為約聘員工比派遣穩定，但事實上並不是這樣。除了工作不穩定讓我很煩惱之外，最頭痛的還是到底要不要有小孩。如果先生跟我之中有一個人收入穩定的話就能生小孩了，但是現在我們只有羨慕朋友的份。」

雙薪家庭的數量已經超過只有一個人工作的家庭很久了。男性支撐家計、女性做家事帶小孩的形式，無論從經濟狀況跟勞動人口的平均數來看，或是從人權觀點來看都是個問題。但是男女之間的薪資差異依然存在，而在提升工作專業的機會上也不平等。

厚生勞動省的〈薪資構造基本統計調查〉（二〇一七年）中，一般勞動者的平均基本薪資男女比，若男性為一〇〇時，女性只有七三．四。雖然看起來有改善，但男女雇用均等法已經實施三十年以上了，卻還是有如此大的薪資差距。

此外，在男女雇用均等法實施的一九八六年，勞動者派遣法也同時上路，這或許可以解讀為替女性準備的雇用工作是派遣工作。事實上，〈薪資構造基本統計調查〉中，派遣員工的數量也以女性占壓倒性的多數，其中最被詬病的就是有小孩的女性多為派遣員工。

勞動界有句話是：「當過一次派遣之後就沒辦法停止，簡直跟痲藥一樣。」因為派遣期滿之後不僅可以合法地「開除」員工，還可以減少眼前的人事費跟福利。企業嘗到了這樣的甜頭之後，就會忽視人才才是公司成長的動力，政府就算想靠不周全的修法來強制改善，效果也非常薄弱。

然而這種構造上的勞動問題光靠個人努力是無法解決的，而且對下個世代也的確造成了衝擊。非正職或薪資差距的問題，不只影響自身生活，也侵害了養育下個世代的權利，這個事實需要大家嚴肅以對。

這個問題一直沒有解決，結果就是出生數跌破一百萬人，中年打工族不斷增加。

3 「懷孕歧視」的衝擊

不斷疊加的懷孕歧視——彩花（33）的情況

「你什麼時候要交接？接著你就要離職專心帶小孩了，不是嗎？」

在東海地方的電子公司工作的今野彩花（三十三歲）跟上司報告自己懷孕時，上司以一副理所當然的態度，說出「離職」這兩個字。從學生時代就一直堅信「結婚生小孩也要繼續工作」的彩花，對這些意料之外的話語震驚到說不出話來。

職業婦女因懷孕或生產而被解雇或停止合約，或是在職場上遭到肉體或精神上的侮辱，稱為「懷孕歧視」，現在這個問題越來越受到注目。

懷孕歧視這個詞過去不常聽到，但在職場上與性騷擾及權力霸凌並稱為三大騷擾。日本勞工組合總聯合會的〈第三期懷孕歧視相關意識調查〉中，二十到四十歲多歲女性員工裡，有三成曾經遭遇過懷孕歧視。

事實上，本人不知道自己遭受懷孕歧視的案例也很多。

彩花上司的太太是家庭主婦，上司是在泡沫經濟時期進公司，他們那個世代的女性多半相中了「三高男」（學歷高、收入高、身高高）之後就結婚並離職，雖然也有女性放棄結婚生子，但需要比男性更努力工作才能在社會上生存。

彩花也常聽到上司發表個人意見說：「在小孩還小的時候，媽媽應該待在家裡帶小孩、不要工作比較好。」所以當她懷孕之後，上司完全不管彩花的意願，只是強調「你是不是離職比較好」。

公司的業績不好，管理職背負著刪減人事費用的壓力。彩花隸屬的會計庶務部門把正職員工砍掉了一半，剩下的正職員工就是五十多歲的上司和一個四十多歲的男職員，再加上彩花共三個人。

現在已經沒有全職的約聘員工了，只有在很忙的時期會雇用一些非正職的員工。正職員工的負擔變得更重，在會計結算期還會加班到半夜。上司對懷孕的彩花說：「正職員工如果不能加班的話，會給公司帶來很大的困擾。」以此逼她離職。

「真羨慕孕婦啊」

對於想都沒想到的離職勸告，彩花當時一點反駁的餘地都沒有。

但是彩花上網查了之後，發現產前及產後的產假或育嬰假都是受到法律保障的權利，因此她強烈地和上司表達自己的意見：「勞動基準法承認育嬰假以及長照安排假，所以我不用辭職，還是可以繼續工作。」

但職場的氣氛卻非常差。

「沒辦法獨立作業還敢來上班。」

「唉，真羨慕孕婦啊！」

彩花每天都要承受這些隨意說出的言語霸凌。

過了一陣子，因為碰到結帳的忙碌期，彩花孕吐的情況更加嚴重，在懷孕初期幫忙分擔彩花工作的前輩也變得很冷淡。當彩花覺得想吐而跑到廁所時，前輩在她回到座位以後都會故意自言自語，讓彩花聽到。

「沒辦法獨立作業的人真麻煩，好厚臉皮。」

這很明顯是權力霸凌了，但因為上司和前輩都是加班到將近半夜十二點的人，所以彩花也覺得很愧疚。

每天過著這樣的日子，彩花總覺得肚子很脹而且很痛，她很擔心會流產。思考了很久之後，她終於決定在其他非正職員工陸續下班的晚上十點左右也一起下班。

在孕吐好轉後，彩花努力完成了工作，卻在要回家時被前輩不屑地說：「唉，真羨慕孕婦啊！」

彩花想著「在孕吐好轉時再忍耐一下」，在精神上努力撐著。終於孕吐停了，而結帳工作也告一段落。為了不被前輩批評「厚臉皮」，彩花連搬裝有資料的沉重紙箱都不找人幫忙，但她每天總是不安地摸著肚子，想著：「會不會流產呢？」

復職後卻沒有立足之地

如同前述聯合會的調查，事實上有六七．三％的女性對於「懷孕歧視產生的主因」，回答「男性職員對懷孕生子不夠理解或體諒」；另外有八八．三％的女性雖然回答「會一邊帶小孩一邊工作」，但因為小孩而「不得不辭去工作」的女性也有三二．六％。

在彩花的案例中，她雖然在職場上倍受欺凌，但最後仍平安生下了小孩。她請了約八星期的產假和兩個月的育嬰假，在可以送小孩進托兒所的四月復職。

但是上司說：「你不在的時候因為業務繁忙，已經找了全職的約聘員工，這裡已經沒有你的位置了。」彩花因此無法回到原來的職位。公司又說：「現在只有業務的缺，如果你不想做就辭職吧。」強迫彩花二選一。這樣的情況也是利用懷孕或生產為理由，解雇員工或讓她們陷於不利的局面，同樣違反了男女雇用機會均等法。

在工廠上班的先生每個月實領大概是十八萬日圓左右，經濟不算寬裕，所以彩花無法離職。每天跟不習慣的工作和新的人際關係奮鬥的同時，還有「托兒所的洗禮」在前方等著她。

每年托兒所剛開學的時候，小孩都很容易因為不習慣新環境而感冒，且感冒造成的傳染也會在一瞬間擴大。一般而言，小孩進托兒所之後的半年內，很常會因為突然發燒或感冒而需要在家休養。

彩花的小孩被送到托兒所之後，遇到了德國痲疹跟發疹性水皰性口腔炎的大流行。值晚班的先生沒辦法幫忙，為了照顧小孩，彩花經常遲到早退或請假。在公司裡擔任業務的女性員工沒有人需要帶小孩，所以彩花常被同事說「又拿小孩當藉口請假了」、「工作都做不好還突然請假，真受不了」。同時小孩到了兩三歲左右正是精力旺盛的時候，非常難控制。

「工作的女性想要懷孕生小孩和帶小孩，沒想到是這麼讓別人嫌棄的一件事。」彩花意氣消沉地說。

在這種懷孕歧視橫行的職場，產後被解雇是常有的事，就算回到了職場，被人冷言相對的例子也不少。其實當人手不足造成常態加班後，大家就沒有餘力去幫助其他同事了，這才是問題根源。在不能增加人力或加薪的情況下，幫忙代理職務的員工必然會感到不滿。

「懷孕解雇」橫行——陽子（39）的案例

這類懷孕問題，其實是過往就有的老問題。

一九八六年男女雇用機會均等法上路，當時正是「第一屆女性綜合職」開始的時候，那時的女性需要比男性更努力工作才能被認同。不要說生小孩了，她們甚至會因選擇工作而放棄結婚，因為如果不這樣做的話她們就不會受到重視，那是當時的風潮。

之後女性雇用的門檻漸漸降低，原本的「結婚離職」減少了，結婚生子之後仍然可以繼續工作的機會也慢慢增加。前述聯合會的懷孕歧視調查中指出，回答

「如果可以的話，希望能一邊上班一邊帶小孩」的比例提高到五一．四％，遠遠超過「因為經濟理由不得不一邊上班一邊帶小孩」的三六．九％——這意味著女性的自我意識大幅成長。

然而，從二〇〇〇年左右開始的失業潮，對之後的女性雇用帶來嚴重影響。以派遣為大宗的非正式雇用急速擴大，曾經的「結婚離職」被「懷孕解雇」所取代；甚至有派遣員工懷孕之後，便被要派公司視為「不良品」，跟人力派遣公司表示「想快點退貨」的現象發生。

被派遣到化學廠的員工木下陽子（三十九歲）也是「懷孕解雇」的其中一人。陽子以每三個月續約一次的方式做了兩年半的貿易工作，雖然公司裡做事務職的多為派遣員工，但也有一些人轉正。

上司跟陽子說過：「等派遣做了三年之後，也許就可以轉正了。」雖然陽子十分期待，但也很煩惱「這樣我什麼時候懷孕比較好」。轉成正職時會是三十五歲，而當時陽子三十四歲，是差不多要開始考慮懷孕的時期。

對女性而言，三十五歲是懷孕的分水嶺，由於卵子會老化，三十五歲之後受孕率會變低，流產率也會提高。陽子煩惱許久之後，認為「孩子是上天賜予的禮物，就算想要也不一定馬上會有」，因此便順其自然。

不久陽子得知自己懷孕，她想著「我要快點和公司說，並且討論之後的事」，因此向公司報告了此事。結果幾天之後，人力派遣公司的負責人聯絡陽子：「契約之後就不會再繼續簽了。」

無法認同的陽子問了理由，但派遣公司只是說：「因為你工作能力不好。」由於其他派遣員工並沒有被中止合約，所以陽子認為「一定是因為懷孕的關係」。

陽子跟要派公司的上司爭論合約中止的事，上司說：「你在成為正職之前如果沒懷孕就好了。派遣時你發生什麼問題我們不能負責，所以你不如離職，好好待產吧。」十分乾脆地承認合約中止就是因為陽子懷孕的關係。

這很明顯違反了男女雇用機會均等法，以契約到期為名執行「懷孕解雇」。

陽子雖然希望有交涉的空間，但因為害喜嚴重，也無力再去抗爭。陽子回憶說：「就算我去抗爭，待在職場也很難受。安全生下小孩才是最重要的，不能再給自己太多壓力了。」

請產假就解雇——清美（38）的情況

非正職的女性還會遇到無法請產假或育嬰假的問題。

大木清美（三十八歲）生長於日本海邊一個中型規模的都市，冬天積雪很深，她在家鄉的地區醫院以臨時雇員的身分擔任臨床檢查技師，已經做了十年了。雖然她也對自己和正職之間的薪資差異抱持疑問，但還是安慰自己「至少比私人企業好」。

清美從專門學校畢業時，正逢專門職的失業潮，鄉下地方根本沒有工作。專門學校的同屆畢業生有八十人，但學校給的職缺卻只有一個，徵一名檢查技師，結果卻有兩百個學生來應徵。

之後清美也做過一般公司的工作，現在則是以臨時雇員的身分在地方醫院上班。雖然在雇用合約上是臨時雇員，但在公司的規定中「一天執勤六小時者為計時人員」。計時人員沒有退休金，所以清美想找正職的工作，但遲遲沒有看到。剛好那時她也打算結婚，所以想著「先累積臨床工作的經驗」，在待遇上就睜一隻眼閉一隻眼吧。工作合約每六個月更新一次，不知不覺也做了十年以上。

在這段期間內，清美懷孕生子三次，但每一次都沒有請產假，還是持續工作。地方公務員的育嬰假跟一般民營企業不同，是依照「地方公務員之育嬰假等相關法律」所規定的，而依照該法令，身為臨時雇員的清美並不列入可以請育嬰假的對象內。

有關地方公務員非正職職員的育嬰假，現在大家也都希望可以列入法令之內。總務省的〈地方公務員之臨時、非正職職員及限定期間職員之任用相關研討會報告書〉（二〇一六年十二月）提出的資料指出，雇用「一般非正職職員」的都道府縣或指定都市、市區町村等七百七十七個機關團體中，對於導入育嬰假「沒有預定計畫」的有兩百九十二個；而地方醫院中，雖然也有非正職可以請生理假或育嬰時間（一天兩次三十分鐘）的案例，但在「請正式育嬰假」方面，還有非常遠的一段路要走。

清美的第一個小孩出生是在十年前。由於一直無法受孕，所以她接受了不孕治療，以試管嬰兒的方式有了小孩。然而在勞動基準法中，無論正職或非正職，所有勞工都只能請產假（產前六週、產後八週），所以清美在生完兩個月之後便不得不回歸職場。

「產後八週是哪個月的哪一天要回來上班，你要自己記著，那天沒回來就沒你的位置了。」

公司對清美提出這樣的勸告。產後恢復比較慢的同事，在產假結束後當天沒去上班就被解雇了，能夠回到原崗位的人，都是生產很順利的人。有些人因為難產剖腹，傷口很痛，產後八週身體還沒恢復無法去上班，結果就失去了這份工作。能不能保住自己的工作，都得看生產順利與否。

「同樣都是非正職，醫事助理是特別職的非正職，可以請育嬰假，而囑託職員（譯注：非正職，多為退休後二度就業或是具有專業技能的人）也可以請產假，為什麼像我這種做了十年的檢查技師臨時雇員卻不能請呢？」

清美擔任檢查技師已經十年以上了，工作六小時的日薪是八千三百日圓，並不是什麼讓人滿意的條件。清美想要增進自己的職場技能，所以就一邊帶小孩一邊念書，就算晚上很想睡覺還是努力學習，後來便取得了超音波檢查師的資格。

當時一起畢業的朋友因為工作不穩定所以沒有結婚，而已經結婚的同學則是在懷孕後辭去工作。臨時雇員就算只有一年的任期，還是很多人來應徵，檢查技師的工作是可以隨時被替換的。

「女性生下小孩之後公司就會叫你離職。就算團塊世代退休了，以正職身分被雇用的多半是剛從大學畢業的人。失業潮世代的人是否不被需要了呢？如果不增進專業就會被淘汰，沒有工作就什麼都沒有了，活著到底是為了什麼呢？」

清美驀然想著。

4 照顧服務員、護理人員及非正式公務員

「都第二胎了，流產也沒關係吧」——理惠（35）的情況

這樣的懷孕歧視也蔓延到女性員工比例高的照顧服務和護理相關業界。

從厚生勞動省的〈長照服務設施及機構調查〉（二〇一六年）可知，全日本約有一百八十三萬人從事照顧服務的工作，其中有七到八成是女性。這個工作需要背起癱瘓在床的老人家，體力上的負擔非常大，而其中當然也有許多懷孕歧視的受害者。

「都第二胎了，流產也沒關係吧，反正大家都流產了。」

這句話對照服員加藤理惠（三十五歲）來說，是一生都忘不掉的痛苦回憶。

流產是十年前的事了，當生完第一胎之後，好不容易盼來了第二胎，但因為值晚班的關係，她視為第二生命的孩子就這樣被奪走了性命。

理惠工作的地方是北關東的老人照護中心。照顧癱瘓的高齡者是很吃重的工作，理惠懷第一胎時很怕流產，但是上司說：「因為你是正職員工，所以就算懷孕也不能不值夜班，大家都在值夜班啊！」所以理惠沒辦法免去夜班的工作。

理惠在快請產假之前都還要值夜班，雖然她有流產跟早產的跡象，所幸最後還是平安生下了小孩。

一年之後，理惠又懷孕了，但這一次仍然無法避免排夜班。由於人手不足，晚班和大夜班一個月會輪到十次以上，上司甚至還說：「如果不想做夜班的話，你就辭職，再不然就轉成打工。」

理惠和護理師的先生兩人年收加起來約五百萬日圓，一想到房貸、通勤和生活上必需支出的汽車保養費、小孩的托兒費，理惠就無法辭職了。

懷孕第九週，某天晚班要結束時理惠覺得肚子很痛，這時她就有不好的預感。她眼看著子宮開始出血，寶寶跟著血塊一起流了出來，雖然她直覺這是流產，但無法相信是事實。

她跑到婦產科後，醫師告知她流產了。她跟公司講了流產一事，回應竟然是「都第二胎了，流產也沒關係吧」。

「夜班奪走了寶寶的性命。這個生命的重要性跟第幾胎是沒有關係的。」

理惠至今還是一直這樣想著。

兩年後，理惠知道自己懷了第三胎，但職場生態依舊是正職就無法免除夜班。想到流產的危險性，這一次她很強硬地跟上司表示希望不要輪夜班，但上司卻回答：「沒辦法對你特別優待，為了你和公司好，我想你還是……。」逼迫她不得不留職停薪。

如果不用輪夜班的話，就能繼續工作了。在先兆流產的診斷書出來後，理惠拿到了傷病津貼，但在靜養等待身體好轉時，理惠也沒了收入。社會保險的本人負擔部分每個月都是負數，僅靠先生的收入無法維持家計，最後連第一個小孩的托兒費都快繳不出來了。

生完小孩之後，理惠原本預計留職停薪一年在家帶小孩，之後再回職場，但卻因為經濟因素半年後就復職了。中間上司也一再打電話來催促：「人手不足，你什麼時候才要回來？」

理惠在家裡的嬰兒六個月大的時後，就回去輪夜班了，她深刻認識到「不能保護孕婦的職場，在我生完小孩以後也會有嚴重的霸凌等著我」。她工作了十年以上，加上夜班津貼月薪終於有二十萬日圓，所以就算想要離職，為了生活也要忍耐。

「我很希望那些高官或是制定法令的政治家能夠到社福醫療現場來，實際體驗晚班的辛苦和日班的超時過勞，只要國家不確實改善制度，人手依舊會持續不足，懷孕歧視也不會停止，這些工作就會留不住人。」

理惠誠心地訴說著。

懷孕的護理人員中，十人有一人流產

二〇二五年時，團塊世代全部會成為後期高齡者（七十五歲），日本即將迎接超高齡社會。照顧服務業現在已經人手不足，今後人力需求只會更高，護理人員等支援長照等社福或醫療機構的專門職也是如此。從事這類專門職的女性，絕大部分都是非正職，在懷孕、生產、育兒的階段從勞動市場除名的案例絕對不在少數。

從事護理相關工作的女性非常多。就業的女性中，二十人裡就有一人從事護理相關工作（保健師、助產師、護理師、準護理師等）。厚生勞動省指出，從事護理相關工作的人約有一百六十六萬人（二〇一六年），其中有九成是女性。日本護理人員協會的調查表示，就算是醫院從事護理相關工作的正職員工，離職率也超過一〇％。勤務時間過長、超時工作過多及夜班負擔過重等問題十分嚴重。

而且背後還隱藏著懷孕歧視。

日本醫療工會聯合會〈護理人員勞動實態調查〉（二〇一七年）的數據顯示，二〇一四年四月以來，懷孕的護理人員中回答「懷孕期間十分順利」的只有二六．四％；三〇．五％曾有先兆性流產或早產的經驗，一〇％曾經流產。

厚生勞動省的〈護理人員就業狀況實態調查〉（二〇一〇年）的資料雖然歷史

比較久遠，但也詢問了「在第一胎懷孕、生產、育兒時，曾經提出過卻被拒絕的請求或制度」，回答占多數的有「希望不要排到夜班或減少輪夜班的次數」、「希望不用加班」，可以看得出來護理業界的風氣長年以來並沒有改變。

隨著高齡化及醫療技術的進步，護理相關第一線人員的繁重業務是不可避免的，因此懷孕中的員工很容易遇到懷孕歧視的問題，這似乎也是造成離職的原因。

公務員世界的變化——弘子（40）的狀況

在被視為「穩定」的代名詞的公務員世界中，同樣開始產生了變化。隨著臨時雇員以及非正式雇員的增加，也出現了「懷孕生子＝結束雇用」的方程式。

在東京都政府機關工作的宮田弘子（四十歲），研究所畢業後開始非正式公務員的生活。每一年合約都會更新，最多可簽五年。在第四年時，弘子發現自己懷孕了。雖然她想要問問別人的意見，但是職場裡的非正式雇員都沒有生產經驗。

她因為孕吐嚴重所以經常遲到和請假，上司對她說：「這樣會影響你的工作考核。」而且還說：「我們這裡沒有遇到過非正式雇員生小孩，如果你還想上班的話就不要請假。」

弘子雖然考慮過「想要請育嬰假，之後再繼續工作」，但隔年度的合約卻沒有被更新，也就是不再續聘了。上面的理由是「下一年度的事業預算沒了」，但是很多非正職的同事都可以做滿五年，所以這很明顯就是「懷孕解雇」，雖然這已經是五年前的事，但現在情況依舊沒有改變。

現在很多地方政府都增加了非正職的雇用人數，總務省的調查（二〇一七年）指出，市町村的非正式公務員有六十四萬三千人，九年間增加了約十九萬人，待遇很差，薪資跟正職比約只有三分之一到四分之一的程度。

另外，如果非正式雇員想結婚，婚後難以繼續工作的例子也很常見。

日本國立社會保障暨人口問題研究所的〈出生動向基本調查〉（二〇一五年）指出，在懷第一胎之前是非正式雇員的人，請育嬰假並可以繼續工作的比例還不到一〇％（結婚或生產的年分為二〇一〇到二〇一四年的案例）；另一方面，正職員工則有五九％能夠繼續工作。

從弘子的例子就可以明顯看得出來，這樣的差距不是只存在於一般民間企業。

懷孕本來是一件值得恭喜的事，小孩子應該是在眾人的祝福聲中被生下來。然而現實中，職業婦女懷孕之後，卻只能一直說「對不起」。公司漠視法律規定的母權保障，懷孕歧視最糟的情況很可能是流產，這是很現實面的問題。

如果想要順利生下小孩的話，很多人會覺得「離職總比有壓力或遇到麻煩事來得好」，因而無可奈何地選擇離職。公部門的專門職激增，代表著照顧服務、護理、托育的人才正在流失，社會福利的機能也許會因此而變弱。

事態再嚴重下去的話，為了照顧家人而不得不離職的員工可能會增加，如此企業繳的稅就會變少，屆時可能會升級成國家級別的大問題。

自行取得證照或資格的專門職員工因懷孕歧視而離職，跟一般企業員工的懷孕歧視離職，又有著不同的涵義。

5 從「懷孕解雇」轉向兒童虐待——多惠（41）的案例

「為什麼你要懷孕？」

「本來不應該這樣的，我只是不自覺地就打下去了。」

野村多惠（四十一歲）垂著肩膀淚流不止地說。當時她的小孩分別是四歲和一歲。

多惠在超級就業冰河期從大學畢業，當時就業率不到六〇%，所以她一直找不到工作，只好以派遣員工的身分開始社會新鮮人之路。她擔任一般行政職的派遣，在食品工廠做了一年。由於她認為「就算是派遣還是要有一技之長才能生存」，所以想去考簿記考試，開始學會計。

那時她被派遣到ＩＴ（資訊技術）相關公司的會計部門，並在二十五歲時跟男友結婚。對方在連鎖居酒屋當正職。多惠的年收約三百萬日圓，而丈夫則是約四百萬，她當時相信「兩個人的薪水就很夠過生活了」。

派遣到第三家公司的第二年，上司對她說：「之後你應該可以轉成正職。」可是隔年多惠懷孕後，一切就都變了。多惠想著：「我差不多在要生的時候會轉正，所以我要早一點告訴公司這件事，這樣才不會給公司帶來麻煩，我也可以照自己的計畫工作。」因此一知道懷孕後，她就笑咪咪地跟主管報告自己懷孕了。

「我懷孕了，但是我會一直努力工作到快要生的時候，今後也請多關照了。」

本來以為上司會恭喜她，沒想到上司講出完全出人意料之外的話。

「我明明說過你可以轉正，為什麼你還要懷孕？」

多惠聽到這句話的瞬間，便有不好的預感，上司繼續說：「我會再跟派遣公司談一談。」

從那之後，上司一直避著她。多惠很擔心自己的未來，所以問了人力公司的負責人，結果對方說：「我這裡沒有聽說任何事。」而且很困擾地加了一句：「懷孕這件事，你應該先跟我們講才對啊。」

生產、育兒的再次解雇

三星期之後，也是下次合約更新的時間，人力公司告知多惠：「要派公司說接下來不更新合約了。」多惠下定決心跑去找那位上司理論，但上司卻說：「在懷孕這種重要的時刻，你成為正職讓工作增加對生產不好吧，為了身體著想，你還是好好休息吧。」推得一乾二淨。

這就是典型的「懷孕解雇」，跟多惠理解的派遣法有著本質上的差異，公司在即將滿三年時中止合約，停止雇用她——但事實上這算合法的解雇。

之前已經提過，在勞動基準法中有產假制度（產前六週、產後八週），無論是正職或非正職的雇用型態，都適用於全體女性。雖然在二〇〇五年時育兒照護休假法修正為有條件的適用，但定期合約的勞工也在此時取得了育嬰假在法律上的認可。然而實際上想請育嬰假相當困難，非正職員工中能請育嬰假的，只有一萬

育嬰假請假狀況（首次領到育嬰兒假給付金的人數）的變化

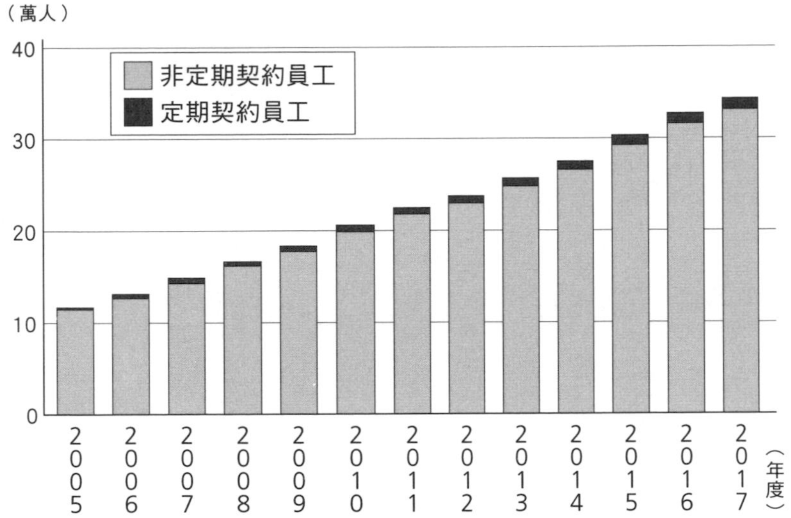

（資料來源：厚生勞動省）

人左右。

多惠懷孕當時的育兒照護休假法規定，非正職員工（非日領工作者）「受同一事業主持續雇用期間達一年以上」，並且「當孩子超過一歲時仍預計持續雇用」，就可以請育嬰假。因此多惠原本是可以請產假及產後育嬰假的。

被開除的多惠受到很大的打擊，非常不能諒解公司；好在收入減半雖然很辛苦，但女兒平安誕生給了她不少安慰。

只不過原本就很喜歡工作的多惠還是很想趕快上班。雖然想要找工作，但因為有年幼的孩子沒法去面試，就這樣過了兩年。好不容易多惠終於在地方工廠找到會計的工作，而且還是她的第一份正職，月薪雖然只有十六萬日圓，但是她躍躍欲試：「我會非常努力把事情做好。」

然而當多惠開始工作之後，在托兒所的女兒卻生病了，大概是察覺到媽媽的狀況有所變化，而自己卻跟不上變化的關係。

托兒所通知小孩發燒時，多惠就必須去接她，工作到半夜的先生完全沒辦法幫忙。當多惠遲到早退的情況變多，在職場上待得有點辛苦時，她發現自己懷了第二胎。

由於孕吐嚴重，她遲到早退的情況變得更加頻繁，社長也不顧情面地對她說：「才剛錄取你就這樣我們也很困擾……我們這裡也是很忙的，不好意思，如果你真的想認真工作的話，能不能每天至少都好好來上班呢？」

多惠雖然強忍不適的感覺去上班，但還是會一直跑到廁所去吐，當她因為很難受而蹲在地上時，社長拍了拍她的肩膀說：「你不用再逞強了。」

社長直接要她離職。

受不了而舉起手的那一天

「有小孩以後，我反而成為別人的負擔嗎？」

這麼一想，多惠再也無法認為懷孕生子是值得高興的事。接著兒子出生了，他跟姊姊不一樣，是個愛哭的小孩。多惠本來以為自己對帶小孩已經得心應手，但是再怎麼哄兒子，他還是一直哭。

深夜先生回到家疲憊得想睡覺時，兒子開始嚎啕大哭，先生的不滿就直接掃到多惠身上。那時先生剛當上店長，所以壓力也很大，多惠過著沒辦法找人商量、白天把自己跟兩個小孩關在家的生活。

在家計上也很辛苦。先生雖說是店長，但店長津貼一個月才兩萬日圓左右，而且因為是主管所以完全沒有加班費，年薪幾乎跟以前一樣。只靠「徒有店長虛名」的先生的收入，手頭並不是想花錢就能花錢的寬鬆，多惠因而每天悶悶不樂。

儘管如此，多惠還是繼續找工作，只是在電話另一端的公司聽到小孩的聲音時，就會婉拒說：「如果孩子還小的話，可能會比較困難……。」偏偏在這時候，女兒也會突然變得很任性，吵著撒嬌。

當沒辦法安撫女兒的時候，多惠就會打女兒：「你可不可以安靜一點！」一開始是打屁股，後來連臉跟頭都會打。面對老是哭不停的兒子，多惠甚至曾經拿枕頭蓋住他的臉。

當多惠回過神後，抱住女兒和兒子向他們道歉。女兒不久也學會了看媽媽臉色，每天戰戰兢兢地過日子。

不能把「虐待致死」當成別人的事

多惠漸漸變得憂鬱，常常回過神來才發現自己邊哭邊猛烈地搖著孩子。電視上播出了跟她差不多年齡的母親殺死小孩的新聞，多惠覺得這並非跟自己無關的事。

先生一個月只能休一天假，在午餐時間前需要備料，所以他大概上午十點出門，半夜兩點到四點左右回家。「我回家已經很累了，所以你要把小孩顧好。」先生無心處理家裡的事情，但多惠又不能責備他。

「再這樣下去，我可能真的會殺了小孩也不一定。」

多惠帶著小孩回到娘家，拜託媽媽幫忙帶小孩，之後才好不容易找回了自己。

厚生勞動省調查，在全日本兩百一十家兒童諮商中心裡，處理虐待兒童的件數有十二萬三千七百七十八件（二〇一七年，初步數據），每一年都持續刷新紀錄。

厚生勞動省的〈兒童虐待致死案例等檢證結果（第十四次報告）〉指出，二〇一六年因虐待致死的案例中，父母帶著小孩自殺的虐待致死案例有十八件（二十八人），帶著小孩自殺以外的虐待致死案例有四十九件（四十九人）。去除父母帶著小孩自殺以外的案例，小孩死亡年齡為〇歲的有三十二人（六五．三%），其中產後才幾個月的小孩有十六人（為零歲死亡兒童的一半）。這些數據顯示懷孕或生產後沒多久就被孤立的母親的不穩定情況。

原因有很多，然而經濟及雇用狀況的不穩定跟兒童虐待絕對是脫離不了關係的。

無法理解生育的企業，是沒有價值的企業

如同本章所見，無論是不是正職員工，很多人都曾遭遇懷孕歧視的問題，而且一旦離開職場之後就很難再回去，最後終於成為統計上看不見的「中年打工族」。

如同因為懷孕而被要派公司解雇的陽子一樣，希望能平安生下小孩的人會放棄抗爭、忍氣吞聲。事實上，這三十年來，因為生下第一個小孩而失去工作的女性有五到六成，這個情況一直沒有改變；在這當中，一定有很多人是懷孕歧視的受害者。

此外，懷孕歧視不只影響個人的人生，對於總體經濟也造成很大的影響。

第一生命經濟研究所的首席經濟學家熊野英生指出，因為生產而離職造成的「經濟損失」高達一點二兆日圓。熊野表示，假設因為生產而離職的女性有二十萬人的話（二〇一七年），離職而造成的所得減少，推算一年會有六千三百五十億日圓。女性辭職不僅對企業帶來傷害，若以企業附加價值的減少量（經濟損失）來計算的話，會達到一兆一千七百四十一億日圓。

不僅如此，當三十歲因生產離職，而在四十歲以非正職開始工作的人，比起

一直以正職工作到六十歲的人，年收入會產生八千三百零七萬日圓的差距。把它當成機會成本的話，試算出的總體經濟損失會高達十二兆一千億日圓，這是不容忽視的現實。

各位知道在會計監查的世界裡有「持續經營」（going concern）這個詞嗎？它的意思是「能持續經營的企業才是有價值的」，也就是說不會破產、能夠一直存在的企業才有投資的價值。

從這樣的觀點來看，不讓員工繼續工作的企業，或是不把員工放在眼裡、只是勉強硬撐的公司都沒有存在的價值。不讓員工培育自己下一代的企業，是不可能永續經營的。只不過除掉部分確實在努力的知名大企業之外，這幾乎不可能實現，從這裡便可看出日本經濟弱化的原因。

容筆者再重申一次，懷孕是孕育出未來人才的起點。不重視孕婦、放任「懷孕歧視」或「懷孕解雇」橫行的日本，等於不認同孩子的價值；換句話說，就是一個不重視人類本身價值的社會。對懷孕歧視或懷孕解雇的問題置之不理是不可行的，這等於是在侵蝕國家的根本。

安倍晉三首相雖然在內閣中設立了「打造女性活躍社會推動室」，但首先應該要讓大家理解懷孕歧視的相關知識，讓法律能夠保護女性，情況才會有所改變。在醫療、護理、托育等領域，工作型態和國家制度強烈地直接相關，而個人的努力也有其界限，政府應該要積極介入。

就算政府強化了法制，沒有倫理的企業還是有可能鑽漏洞。由於問題根深柢固，想要解決不能只靠標新立異的政策。最終的目標還是要讓企業自身也能意識到這個問題。另一方面，還是有一些公司很重視每一位員工，並且會推動各種不同的工作型態，而這些公司的業績也都很好。

下一章將會介紹這些企業的應對方式、並展望雇用的美好未來。在這些案例中，一定有能夠防止中年打工族悲劇再度發生的關鍵。

第三章

建立良好的雇用型態

1 如何減少雇用的錯誤配對——富山縣的情況

安居樂業的富山縣

如何減少雇用上的錯誤配對，是人資永遠的課題。學生雖然都嚮往去大企業或知名公司，但實際上那是一道窄門，就算進去之後，也可能會覺得跟想像中差異過大而很快離職，轉身便成為了打工族。

這樣的問題對經歷失業潮的「年輕人」而言也是一樣的。其實只要能早一點遇見願意栽培自己的公司，就能避免「中年打工族」的悲劇了。本章想要介紹擁有這類解決線索的政府機關或企業的做法。

首先要介紹的是在十年前就有減少雇用錯誤配對機制的富山縣。富山縣為了媒合學生及地方的中小型企業，持續致力於推動UIJ回歸。

UIJ回歸的意思是從大都市圈移住到地方的行為：包含了回家鄉的返鄉（U回歸）、搬到家鄉之外的其他鄉下地方（I回歸），或是搬到家鄉附近的地方都市（J回歸）。富山縣除了積極介紹希望能被年輕人認識的優良中小企業，也同時傳達地方魅力讓大家想要「在富山生活及工作」。

事實上，有很多客觀的指標指出，富山縣是「容易工作」、「容易居住」的地方。

例如富山縣十五到三十四歲的正職雇用比例為七七・八%，為日本第一（總務省統計局〈就業構造基本調查〉）；在職場上對女性很友善也是眾所皆知，女性以生育為理由而離職的比例僅只一・七%，是全日本數值最低的。此外，女性的育嬰假取得率為九八・一%（同前述調查及富山縣〈薪資等勞動條件實態調查〉）；小孩進托兒所的比率為七二・四%（厚生勞動省〈社會福利設施等調查〉），確實做到了零鑰匙兒童。

此外，每戶收入所得的可支配所得為五十萬九千五百三十五日圓，為日本第三（總務省統計局〈家計調查〉）；房屋自有率全日本首屈一指，物價又比全日本平均還低，在「安居」這一點上也是無話可說。

富山縣一向以製造為強項，醫藥品的生產金額占日本之冠。YKK或不二越等優良企業數量龐大，許多企業在利基市場中有壓倒性的市占率也是富山縣的特徵之一。例如三越金屬的相機鏡頭附著部的支架，在全球的市占率為九〇％；富山村田製作所可以對應高速通訊的高機能手機零件樹脂多層基板「Metrocirc」，市占率百分之百，全球僅此一家。

筆者從十幾年前開始做富山縣雇用機制的採訪報導，採訪的契機來自二〇〇四年發表的大學應屆畢業生打工族比率都道府縣別排行榜（舊UFJ綜合研究所），富山縣的數字是全日本最低的。

為什麼打工族比例這麼低呢？透過採訪，我才知道背後的原因來自縣政府的熱心協助。例如富山縣國立或公立中學的二年級學生需要在當地企業參加五天的職場實習體驗，該計畫被稱為「十四歲的挑戰」，毫無疑問地可以說是培養職業意識的推手。

此外，二〇〇五年開始的U回歸就業研討會也是劃時代的產物。原本富山縣便以「勤奮的縣民精神」聞名，而U回歸就業也跟縣民精神一樣，每年都在持續進化。

優良中小企業與學生連結的機制

在各種U回歸就業事業中，最能表現富山縣全力以赴精神的，就屬二〇一六年開始的「富山就業巴士旅行」了。這個活動瞄準放暑假的大學三年級學生，利用巴士帶著學生到富山縣的企業參觀。設計各種不同行程，而各行程的參加人數上限為二十人。他們會聽公司說明會、參觀公司內部及參加與年輕員工見面的座談活動。

筆者也參加了二〇一六年八月二十五日舉辦的巴士旅行，集合場所是JR高岡站，在炎熱的烈日下有學生提前三十分鐘就到了。我跟穿著白襯衫黑裙子的女學生說：「你好早啊！」她很認真地回答：「我怕臨時發生什麼事遲到就不好了。」

當巴士出發之後，當時為富山縣商工勞動雇用課的山本慎也主幹事很親切地跟學生們說：「百聞不如一見。我們會提供讓大家發問的時間。你們可以先跟旁邊的人交流情報，在車子裡好好放鬆吧。」

上午九點三十分，到達了北陸可口可樂飲料工廠。在公司簡介結束之後，便帶學生參觀工廠，學生見到了工廠的規模之大都目瞪口呆。而在會議室進行的問答時間，則由U回歸後在職第三年的女性員工對應。

第二家公司是建設公司「石友Home」，全員都戴著安全帽進入建築木材加工的現場參觀。建設業也包含其他不同的產業，在材料方面會使用到成千上萬的零件，領域非常廣大。人資向學生說明：「我們聚集了優秀的人才之後才成立公司，由於我們注重門市跟地方的連結，所以才能成長到縣內市占率第一。」該公司因U回歸而被錄用的三位年輕員工也接著登場，分享自己的求職經驗。

最後拜訪的是迎向創業一百週年的金屬鑄造工廠。該公司原本製作的是傳統佛壇用具或茶具，後來因為開發了能彎曲的餐具及酒杯等新產品，轉型成為遍布日本各地的知名品牌，每個學生對公司介紹的這段歷史都聽得津津有味。

轉捩點來自二〇〇一年的一件事。當時一對母子來工廠參觀，媽媽對小孩說：「你看，如果不好好念書，以後你會變得和這裡的工人一樣哦！」當時能作克治社長聽到了這句話，很震驚地想著「為什麼工匠的地位這麼低」，因此決心奮力一搏，開發新產品。

在產品構思的過程中，一開始想到要善加利用錫的音質，因此試著推出了手搖鈴，但是並沒有熱賣。然後有店員建議「如果換成風鈴應該會比較好」，因此改成了風鈴。雖然銷量很好，但因為季節性的關係，無法一年四季都熱賣，因此公司決定要挑戰餐具的開發。

錫的優點雖然是抗菌性佳且不容易生鏽，但相對地過於柔軟容易彎曲則是需要克服的問題。但只是為了讓它不會彎曲而加厚的話又會太重，因此在經歷一年的反覆試誤之後，設計師靈機一動，「既然它容易彎曲的話，就做成可以彎曲使用的商品如何？」催生出了熱賣商品「KAGO（隨意塑形置物籃）」，既可以當成水果籃，又可以作為花瓶使用。產品一推出業績便大幅提升，原本都是高齡老師傅的地方工廠，搖身一變成了在東京、名古屋、大阪、福岡都有直營店的企業。這樣的成長故事，讓參加巴士旅行的學生都聽得十分入迷。

身為公司董事的社長女兒千春也是U回歸一族。

「大學畢業之後，我在服裝雜誌當過編輯。雖然是很光鮮亮麗的工作，但在員工眾多的大公司裡，還是會覺得沒辦法做自己想做的事。其實我一直很掙扎到底要待在大城市，還是要回富山老家。」

學生們都專心聽著千春訴說自己的經歷，她後來決定離開神戶，回到富山繼承家業。不過這也是在考慮到結婚生子之後，才做出的決定。

「正因為是小公司，才能夠挑戰各種事物，我現在的目標就是希望能讓孩子認為『媽媽的工作好酷』、『我也想在能作上班』。」

千春的報告結束之後，女學生們紛紛湧上前去發問，這是讓我印象很深刻的一幕。

巴士旅行帶去參觀的公司都是由富山縣選出來的。深受學生喜愛的知名企業固然重要，但除此之外，還要納入對學生而言雖然有點陌生、但能在利基市場中留下成果的地方優良中小企業，促進UIJ回歸。

在名古屋念大學的男生興致勃勃地表示：「雖然我聽過石友Home，但是如果沒有這次機會，我並不會去聽他們的公司說明會，之後我應該會再參加說明會。」
前面提過的富山縣山本主幹事說：「我希望學生能對富山縣的企業有興趣，雖然這些地方平常大家不會去參觀，但藉由巴士旅行的活動，希望能讓大家得知更多這些公司的情報。」

光是聆聽學生的心聲，就可以感覺到這個活動奏效了。在追求雇用品質的當下，這種機制會越來越重要。

「求職女性應援下午茶」的一隅

接著再介紹另一個富山縣的就業機制，那就是二〇一五年十一月開始的「求職女性應援下午茶」。不僅在富山，東京、名古屋和京都也都有舉辦。

在富山縣的公司上班的女性職員會參加這個活動，女學生可以一邊跟她們喝下午茶，一邊在輕鬆的氣氛下知道各公司的狀況。此外，在求職期間還會開授面試妝容講座、實習準備講座等各種課程。

二〇一六年十一月，筆者去了女性應援下午茶的東京會場，石井隆一知事對著大約二十位女學生宣傳富山縣。

「大家都知道富山縣的U回歸就業率很高，居住環境、育兒教育環境的水準也是全日本首屈一指。富山縣是年輕人跟女性最想居住的縣，希望大家今天能發掘更多富山縣的優點。」

會場裡準備了六張桌子，每家企業的一位代表對應三位學生，氣氛相當輕鬆自在。當天共有六家企業參與：北陸銀行、北陸電力、嬰兒及寵物用品製造商Richell、開始進軍超市的Albis、主力為電子零件的富山村田製作所及汽車及機車零件製造商田中精密工業，領域非常多元。

由於主打是輕鬆感，學生的問題也百無禁忌。某位學生很直接地問：「你對又要帶小孩又要上班會感到不滿嗎？」對此田中精密工業的負責人回答：「我休完育嬰假回去上班之後，大家還是對我非常好。你還是學生就會想到生育和工作要兼顧的事，真的很厲害呢。」另一桌的學生問：「你有想過離職嗎？」這種問題也是只有在喝下午茶時才會問的問題，那一桌的人都笑了。

這樣的機制也能夠防止媒合工作時的錯誤配對。

Richell的代表說：「自己負責的商品放在店面販賣時，真的會令人覺得太棒了。我想要告訴大家，業務員是一份很快樂的工作。」而學生也很開心地說：「我本來的第一志願是地方公務員，但是參加了巴士旅行之後對民間企業也感到很有興趣，所以報名了女子下午茶，下次我一定要再來參加。」

當天的女子下午茶結束之後，在旁邊的大樓舉辦了「元氣富山！就業研討會」，石井知事也去了那裡的會場打招呼。知事的簡報生動有力地說服大家富山如何容易居住、富山灣有多美，學生見到知事這樣的姿態，都小聲地說：「能親眼見到知事，真是非常難得。」石井知事非常熱心，幾乎每次的活動都會登場。

筆者以前也曾去過好多次「元氣富山！就業研討會」，每一次會場內的情緒都十分高昂。如果這樣的機制能擴大到全日本，就能減少雇用的錯誤配對，成為中年打工族的可能性也會減少。

富山縣這一類的U回歸就業支援越來越多，二〇一七年二月首次舉辦了以大學三年級為對象的「富山U回歸！職涯論壇（大規模業界研討會）」，目的是各產業及企業的研究。而參加的學生超過了原本預定的一百三十人，必須臨時增加座位，可說是盛況空前。

該論壇集結了富山縣三十家實力雄厚的企業，如果讓學生自己去攤位參觀的話，一定都集中在熱門公司，可能會造成配對錯誤的情形，這樣就跟一般的大型企業說明會沒什麼兩樣了。

因此富山縣在這一點上做足準備，學生可以列舉出四家自己想要參加的企業說明會；但相對地也要參加四家由富山縣指定的企業說明會。而在報名論壇的時候，也會將巴士旅行和女子下午茶介紹給學生，結果在論壇隔週舉辦的巴士旅行的六項課程，預約也全部額滿。

筆者在前述的女子下午茶中遇見一位問問題很積極的私大文科女學生，在「元氣富山！就業研討會」跟「富山U回歸！職涯論壇」也見到了她。我跟她交換了聯絡方式，後來她告訴我她在富山縣的代表企業找到了技術職的工作，由此可見富山縣的政策確實產生了成效。

關閉「中年打工族」入口的機制

富山縣對中小企業人資的研修也不遺餘力。

二〇一六年，筆者去了富山縣「縣內企業提升錄取力研討會」。大約有三十位縣內中小企業的人資齊聚一堂，呈現爆滿狀態。大概因為當時是求職者占上風的市場，競爭十分激烈，所以人資也非常拚命。

這一天負責研修指導的是Orange Mart的前董事辻素樹。Orange Mart是富山縣內的超市，以前是Orange Mart董事的辻建立了可以在計時人員和正職間自由轉換的制度。這是為了配合員工的生涯規畫，他也因這個構想而聞名，現在擔任富山縣的囑託職員，針對就職相關事業提供意見。

「富山縣的學生大約有五成會去都會區念書，留在縣內念大學的學生越來越少了，所以一定要好好把握學生的動向，融合到徵才活動中。」

辻強力地表示。富山的高中生大多是去石川縣、東京都、愛知縣、京都府繼續升學，學生會參加的公司說明會都是在大學舉辦，所以企業必須去大學校園舉辦徵才活動，企業的人資也需要跟學校的就業中心建立密切的關係——辻的論點跟富山縣意識到的問題是一樣的。

這一天的研修由東京來的大谷茂解說首都圈的徵才活動狀況及學生的傾向。大谷是國士館大學職涯規畫支援中心事務部長，也擔任全日本私立大學就職指導研究會會長（現為副會長）。大谷說：「很多學生靠打工生活，沒辦法拿出一筆去富山的旅費，如果公司幫忙支付單程的車費，就可以讓學生更積極。」企業的人資都專心聆聽。

事實上，富山縣也會支援其他縣的學生。對於非富山縣的學生，如果參加兩次以上由富山縣主辦的聯合企業說明會，富山縣就會補助從居住地到會場的一半交通費，以一萬日圓為上限。

不只應屆畢業生，最近富山縣也開始拓展因為結婚生子而考慮U回歸的年齡層。活動名稱為「三十歲的同學會在富山」，該活動以二十六到三十五歲為對象，舉辦就業相關的「U回歸學院」或「在富山的大型同學會！」等活動，提供各種資訊跟交流的場域。

如同前面所述，筆者對富山縣的雇用政策感到有興趣是在十四年前，當時作為我採訪對象的山本慎也主任後來調到其他部門，但最後以主幹事的身分回到U回歸就職的相關部門。山本主幹事針對富山縣的機制如此表示：

「富山縣內高中生的就業率幾乎是百分之百，在金融海嘯後也沒有變差，縣內的中小企業經營者就算在景氣很差的時候仍然按照往例徵人。即使是『十四歲的挑戰』活動，協辦企業也沒有因為不景氣而減少，不愧是重視連結傳承的富山縣！」

富山縣的U回歸就業率，在調查開始的二〇〇六年三月時為五一．三％，而二〇一八年三月成長到五八．二％。這也是因為縣政府設身處地為求職者著想，一點一滴累積而來的成果。只要這一類的機制能擴大，成為中年打工族「入口」的問題就一定可以解決。

此外，在勞動人口不斷減少的現在，這類政策對失業潮世代的影響也很廣泛。某間商社的社長說：「雖然被稱為中年打工族，但是他們會的事很多，只要細心教導，他們的技能一定會提升。」這種對中年打工族表現出強烈興趣的公司絕對不在少數，或許我們能看到一線曙光也說不定。

2 讓大家都幸福的自訂式雇用——小野照相館的情況

工作方式有無限可能

「只要提供適合每個人的工作型態，就會有無限可能。」

小野照相館（茨城縣常陸那珂市）的小野哲人社長，打出「自訂式雇用」口號，因應每個員工的家庭狀況，實現具有彈性的工作方式。

該公司成立於一九七六年，原本是「街坊的小照相館」，由於相機數位化及智慧型手機的登場，照相產業產生劇烈的變化。小野社長於二〇〇六年，三十歲的時候繼承了家業，開始力圖經營的多元發展。

他將規模較小的婚禮攝影獨立出來，成立婚禮事業部；而總公司創立的婚禮複合設施「Enchanté」，則有少人數婚禮教堂、攝影工作室、婚紗店、婚禮美容沙龍等。總公司除了攝影工作室外，還在神奈川縣橫濱市及千葉縣柏市等地，成立了成人振袖公司「二十歲振袖館Az」及家庭取向的攝影工作室「Cocoa」等店鋪。

至二〇一八年八月為止，合計共有二十九家店面，業績在二〇一八年九月時為十六億日圓。公司員工有正職員工一百零八人、短期員工十四人、計時人員五十六人，合計一百七十八人。

服務業的離職率一向很高，厚生勞動省的〈雇用動向調查〉（二〇一七年）指出，生活相關的服務業、娛樂業離職率高達二二．一％，僅次於住宿餐飲服務業的三〇％。另一方面，近年服務業也苦於慢性人手不足，員工流動率非常高。

小野社長表示：「從事服務業的人有八成都是女性，如果不建立一個可以兼顧家庭的工作環境，人才就不會留下來。」所以他引進了自訂式雇用。具體來說，就是讓員工即使結婚或生產也不用離職，是一種符合每個人需求、自由度極高的工作型態。

在家事跟育兒上能否得到家人的協助，以及每個人的情況跟價值觀都有所不同。有人在單身時會全心投入工作，但有了小孩後只想每週工作兩三天。就算是同一個人，在單身時、結婚後、帶小孩、照顧長輩等每一個時期的工作型態都會自然地有所變化；當然也有人的理念是工作即生活，小野照相館也可以應對這種型態。

避免生產離職的機制

小野社長說：「公司會依照每個人的工作型態，一起實現他們不同的夢想。」

正職員工每週工作五天，短期員工也可以一週工作五天，也可以各自設定希望的上班時間，例如上午十點到下午四點、下午一點到六點、早上十一點到下午五點等等。還有員工帶著小孩來公司，計時人員也可以按照自己能出勤的時間和日期來上班。

正職員工和短期員工可以拿到一半的托兒費，此外從二〇一八年二月開始，在一定的條件下，還可以選擇在家工作。公司全力打造容易工作的職場環境，也推動男性的育嬰假制度。

職業婦女最擔心的應該就是接到托兒所打來的電話吧，小野社長這樣說：

「因為小孩發燒三七．五度而被叫去托兒所的媽媽壓力一定很大，這種時候如果公司提供對育兒家庭有利的工作環境，讓媽媽很容易跟公司請假的話，就可以留住人才。」

「就算是單身的員工，只要想到自己將來也可能遇到這種狀況，就能互相體諒了。創造一個讓同事互相幫忙、互相理解的環境，就能讓彼此都認真投入工作。」

友善的職場環境，除了能提升了員工對公司的向心力，也能成為支撐企業的力量，小野社長的意圖應該就是如此吧。此外，小野照相館還想要成為單親媽媽的強力後援，提供單親的員工雙倍的家族津貼。

在該公司工作十二年的單親媽媽小島惠，是位無限期雇用的計時人員。她有兩個還在托兒所的小孩，因此以助理的身分工作到晚上七點。由於回家要一小時，她會拜託娘家的父母去接小孩。

照相館在星期六日也營業，小島為了照顧小孩會在星期六休息，星期天則去上班。當小孩因為發燒而需要請假的時候，小島會非常不好意思地跟社長道歉，但小野社長說：「這也是沒辦法的事啊！每個人都會遇到這種事的，等年輕人之後生小孩時你再努力工作就好了。」

「正職員工在超過營業時間之後，如果還有客人就會留下來加班，但考慮到我還有小孩，所以晚上七點是極限了，我想以這種方式再工作一陣子。」

小島本來是美容師，二十七歲時為了學習新娘祕書的妝髮，便轉職去旅館的婚禮部門上班。在學習妝髮的過程，她也開始想要學習和服的穿著方式，但當時職場的組織是垂直式組織，所以沒辦法如願。小島在找尋同時能從事妝髮及和服工作的職場時，發現了小野照相館。在美容師的世界裡，由於雇用不穩定，所以幾乎沒有福利，但小野照相館都有確實加入社會保險，所以小島立刻就下定決心進入小野照相館。

工作除了拍照時要打點妝髮或和服穿著外，還要採購服裝或思考如何搭配小配件。在成人式等大型活動上，小島也負責工作人員的配置，依照工作人員的能力教他們怎麼幫忙穿和服，若有需要還會舉辦研討會。員工有煩惱都會跟她傾訴，是位可靠的大姊姊。

小島也會幫忙設計孩童的服裝。自己設計服飾和髮飾再挑選材質，跟裁縫師討論試做。因為可以直接聽到顧客的意見，所以當客人很高興地說「好可愛」的時候，小島就會感到非常開心。

「我真的很喜歡工作，這份工作可以做自己喜歡的事。」

小島每天都過得很充實，公司裡除了她以外，還有五位女性員工都有還沒上小學的孩子，她們也是一邊帶小孩一邊工作。

想雇用中年人的意願

日本的勞動人口確實在減少，根據總務省統計局的〈勞動力調查〉顯示，二〇一七年的勞動力人口為六千五百三十萬人（扣除完全失業者），但二〇三〇年時預計會減少為五千八百八十萬人（瑞穗綜合研究所）。對企業來說，留住人才是最重要的課題。

小野社長對這一點也很擔心。

「五年後、十年後服務業還找得到人嗎？家庭主婦或還在帶小孩的女性，也就是『雖然有空窗期但仍然想工作』這種四十歲左右的年齡層，今後如果不能被雇用的話，企業的成長一定會停止，能夠確實將女性納入組織的企業，今後才能夠生存下來。」

這些話可以感受到小野社長想要積極雇用中年人的心情，接著他又說：

「女性員工經歷過帶小孩的階段後有所成長，就會再回到職場。我很希望因為懷孕生子而離開工作崗位的人能再回歸職場，有個傍晚五點就要回家的四十歲女店長當然沒問題。」

一般而言，中途錄取的員工會處於不利的地位，但小野照相館也有將中途錄取的員工拔擢為部長的例子。

二〇一五年起，小野照相館在人事部配置了人事專員，致力於員工錄用的相關工作。過去的錄用以專門學校的畢業生占多數，但隨著小野照相館在茨城縣內的知名度提升，茨城大學等四年制大學畢業生的錄取人數也變多了。還有一些學生婉拒了知名大企業的錄取通知，決定在小野照相館工作。今後小野照相館除了進軍全日本之外，還會積極培育有潛力成為店長或幹部的人才，在小野照相館不會因為男女或學歷而影響升遷。

由於有各種不同工作型態的員工支持，公司業績也持續順利成長。

想要成為上游的企業

如同之前提到過的，小野照相館原本只是城鎮上一間非常普通的小照相館。小野社長大學畢業之後在金融機構上班，原本不想繼承家業，但因為萌生了「想要把小鎮照相館的小生意發展成企業經營」的想法，所以決定投身這個產業。

本來小野照相館也會接七五三節、成人式、結婚典禮或學校畢業紀念冊、鋼琴發表會等各種生意，但是小野社長察覺到：「十年之後，沒有個人特色的店是無法存活的。」因此他在二〇〇六年時，先將規模較小的婚禮攝影獨立出來，成立了婚禮事業部。

他的目標客群是約有三十到六十位賓客參加的婚禮。目前既有的服務大多是瞄準八十到一百人的規模，所以他的目標是少人數婚禮，以作為市場區隔。總公司的婚禮複合設施「Enchanté」，不會甘於只做下游的廠商，還想要成為上游的業者。在婚宴承辦的世界裡，由於有著禮服不能自備的傳統，所以外包商總是需要拚命哀求婚宴會場。

小野社長說：「因為投資設備的關係雖然公司背了好幾億的貸款，但是我們要成為能夠自己設定服務價格的上游企業。」完全展現出他想要擺脫外包商的意圖。成人式的攝影也一樣，不找外包的和服店，而是自己出借振袖，衣服和美妝都一手包辦。如此既可以減少成本，對客人來說也可以減輕負擔。婚紗相關市場有兩兆四千九百九十億日圓（矢野經濟研究所），市場相當龐大。

小野社長上任的前五年非常辛苦，連續兩年業績虧損，不但沒有薪水還要將自己的存款投入運轉資金中。以Enchanté開幕為開端，小野照相館接著成立成人振袖店家「二十歲振袖館Az」，並發行在振袖館拍攝的寫真集《二十歲圖鑑》，一時蔚為話題。

攝影工作室主要是以七五三或全家福攝影為主，為了留住老客戶，於一九九五年導入五年會員制系統「Lovely Story」，深受顧客好評。由於這個制度，每年拍一次照的客人增加了，光是總公司就有五千四百組客人；其中也有客人跟茨城縣沒有任何淵緣，特地從兵庫縣跑來拍照。除了聖誕節跟萬聖節之外，還有家族會穿著「威利在哪裡？」的衣服或是棒球隊制服，拍出屬於自己家族風格的照片。

以家庭為取向的攝影工作室「Cocoa」由於是包場制，所以特徵是可以慢慢拍攝。小朋友哭泣的樣子、活潑調皮的樣子都能完整呈現在鏡頭下。二〇一二年「Cocoa」第一家店在茨城縣筑波市開幕，六年內就擴張到在首都圈內有九家店面。

婚禮事業也提供諮詢服務，對要辦婚禮但不知該準備些什麼的客人提出建議，就像是婚禮雜誌《Zexy》的實體版。

在Enchanté舉辦婚禮的新人若之後生了小孩，在小孩七五三或成人式時，就可以利用攝影工作室拍照，小野照相館的事業可以說是「顧客終身化」的最佳典範。

小野照相館的錄用策略

小野照相館目前業績有五成是婚禮事業，由於每一期都有二〇%的成長，所以在錄用和人才的投資也十分大膽。公司目標是二〇三〇年的業績可以達到一百億日圓，為了實現這個中長期目標，公司事先投資了許多費用，在新鮮人的錄用上也很積極。

若從事業規模上來看，一年約需錄取十名左右的新鮮人，但為了培養人才及展店，大概會錄取十五到二十人。小野照相館不只錄取U回歸者，也會錄取I回歸的人。

現在大家都很擔心人手不足會造成「雇用倒閉」時代來臨，但小野社長很早就預測到「人事倒閉」的時代會先到來。

「對服務業而言，人就是關鍵。如果企業沒有魅力，就無法招到人。大家坐在同一條船上，擁有同一個目標的話，在進公司以後就會很有活力，覺得找到生存價值；如果只是想要賺錢的話，那這家公司不適合你。而且工作也不是薪水會調整就好，更重要的是你的工作能力可以被人認同。」

以茨城縣為據點的人力介紹公司職涯精進轉職顧問青木達雄如此分析：

「像小野照相館這類業績會成長的公司，在人事錄用上花費的成本和心力是很可觀的。在錄取應屆生方面，他們會安排好幾次面試，並在公司說明會或面試時增加直接溝通交流的機會。一般的經營者雖然嘴裡說著『人才是至寶』，實際上卻一點也不重視，中小企業應該要有從零開始培養應屆畢業生的決心，業績會成長的公司，真的都非常重視員工的成長。

雖然很多地方型公司十分具有魅力，但是幾乎沒有企業能在I回歸中錄用人才。中小企業容易犯的錯誤是在等到大企業的錄取結束之後，再去找那些落選的學生；而努力拚搏的中小企業，則會讓自己跟一流大企業站在同一個起跑點去找人。知道了面試者為什麼不選擇自己的理由之後，企業也會改變，這種企業變多之後，地方就會更有活力。」

就業說明會的一隅

二〇一七年四月，筆者來到了東京都內舉辦的小野照相館應屆生就業說明會，會場內有十三個大學生參加。在開始前大家還很緊張的時候，人資堀越愛加一邊發問卷，一邊非常親切地跟學生打招呼。

「今天好像有很多從神奈川縣來的人呢！我們是來自茨城縣的常陸那珂，就是水戶旁邊的城市。我們公司創立於一九七六年七月，已經有四十年歷史了。員工若包含打工跟計時人員的話有一百六十五人，今年四月在二子玉川也開店了。」

學生張大眼睛，熱切地記著筆記，或許有些人聽到照相館就認為是需要專業的工作，但堀越說就算沒有專業知識、只要擁有熱情就可以了。公司裡有很多員工雖然沒有證照，但仍然表現得非常好。

「十三年前只有總公司一家店而已，但二〇一七年四月，我們已經發展到二十一家店面。對年輕員工來說是可以成長的好機會，而且能夠跟客人有一輩子的接觸，能讓幸福一直傳遞下去。」

堀越對學生們說完，小野社長接著表示：

「跟誰一起工作是很重要的一件事。人生有七到八成的時間是在公司度過，今後你們的人生會在哪一家公司呢？今天我會說說公司成立的契機及我的一些想法，希望你們能判斷這些話是不是對的。」

小野社長為了繼承家業而赴美去學習正式的照相技術，但當時發生了新潟縣中越沖地震。他在網路上閱讀地震相關新聞時，發現災民們逃難時帶走的物品，既不是錢包也不是手機，而是照片。生死一瞬間的人們想要帶著走的竟然是照片，一張照片就能讓他們今後更加堅強地活下去，這讓小野社長見證了照片的重要性。

「我們販賣的不是照片，而是看見照片時的感動、拍攝時的快樂。照片的價值在十年後、二十年後會更加提升。如果你願意藉由工作讓這些照片的價值流傳到世界上，我想讓你們能進階到下一步。雖然也有很多其他公司的船，但你們要不要搭上小野照相館這艘船呢？」

學生們被小野社長的魄力所震懾，最後在二〇一七年度有二十二名學生錄取，於二〇一八年四月開始工作。

「我不會從這家公司辭職」

參加說明會的員工有工作七年的，也有才做一年的人。大學剛畢業就被提拔為店長的大津祐佳生長於茨城縣，在當地的大學念書。

大津的朋友都去知名大公司上班，而大津的母親希望她當公務員。當大津決定去小野照相館上班時，母親不小心脫口而出：「你只是不得已才妥協進小野照相館吧。」大津那時強烈地想著：「我的確很不甘心，所以我以後要壯大這間公司。」

學生直率地問：「你為什麼要選這家公司？」大津由衷地回答：「雖然我一開始也不太清楚為什麼，但我覺得很興奮，總覺得這家公司是最好的。隨著面試的過程我也越來越喜歡這家公司，公司面試時問我為什麼要進志工服務社團，我回答因為裡面有很帥的學長，他們聽了也欣然接受，讓我覺得這是一個能讓真實的我去挑戰的地方。」

大津於二〇一六年四月進公司，才半年就成為「二十歲振袖館Az101家庭溝口店」的店長。她雖然非常不安而且壓力很大，但公司裡有前輩可以商量。就算深夜一點半打給前輩，前輩也會陪她聊一小時，讓她深深感受到：「其實我不用太在意，盡自己的力量去做就好。」而當在銀行上班的父親不經意說出：「小野照相館最近好像很厲害嘛。」她還在心裡暗自開心。

大津想要努力上班，工作一輩子，雖然她不知道自己結婚之後想法會不會改變。母親在她還小的時候就辭去了護理師的工作，大津看著母親的背影，非常感激。她不確定自己以後會不會也走上跟母親同樣的道路，但她確信：「因為公司有各種工作型態的選項，所以我很安心。我不會離開這樣的公司，我會跟著公司一起成長。」

為了組成共同工作的團隊，小野社長說過：「我會全心全力投入人才錄用這一塊。」這句話現在看來可是一點也不誇張。

3 社長的工作是「擁有看人的眼光」——NOBLE HOME的情況

「公司才能培育人才」

NOBLE HOME是堅持社長的職責就是「擁有看人的眼光」，而使公司業績成長的茨城縣的建設公司，其社長福井英治這麼斷言：

「社長的工作就是能夠看出員工的能力。在錄取時看的是對方的能力跟個性，而在人事上看的是員工工作時的模樣和人品。我自己每天有六成的時間都花在看人。人不成長的話企業就不會成長。引導出員工的潛力、提供讓員工活躍的舞台是社長的工作。」

NOBLE HOME成立於一九九四年，由原本是高中老師的福井社長創立。從客製住宅的建設、設計、施工管理，到一般住宅的施工販賣以及售後服務等等，跟住宅相關的所有服務全部包辦。總公司位於茨城縣水戶市，至二〇一八年四月一日為止，員工共有三百七十一人；以茨城縣為中心包含相鄰的栃木縣共有十八處樣品屋展示場，二〇一八年十月也開始擴大往千葉縣發展。

公司的業績非常好，二〇一五年九月的業績為一百二十八億四千兩百萬日圓，二〇一六年九月為一百三十二億四千萬日圓（與前期比增加三%），二〇一七年九月比前期增加二〇%，為一百六十一億一百萬日圓。

NOBLE HOME推出的住宅追求的是優雅具設計感的外觀，以及適合居住的環境。符合生活方式的格局及內部裝潢的搭配都得到很高的評價，推出的建案有重視自然素材的和式住宅「季乃家」、實現高難度寬敞挑高的高級住宅「GRADIA」、平價的「CELES」等，具有多樣化的產品線也是其特徵之一。

此外NOBLE HOME也不斷成立新事業，除了主力的客製化住宅及一般住宅，土地分售及不動產仲介事業之外，也經手集團住宅事業、獨棟房屋貸款住宅事業、改建事業、保險金融事業、裝潢事業等。

一般來說，產品線少一點在經營上會比較合理，但是該公司重視的是樣式多元的產品構成。費盡千辛萬苦蓋好一棟房子，顧客的期待值自然也高，NOBLE HOME的理想是兼具設計和性能，性價比才會高，因此員工會以團隊方式向客人提出良好的建議。

福井社長這麼說：

「企業要成長，就需要增加員工，而增加產品線後員工就會增加。為了實現客人心中的客製化住宅，實際達成『對應每個客人不同的需求』，就需要採用不合常理的做法。當我們公司想要以這種不合常理製造差異時，員工就是我們的優勢。我認為能培育人才的公司，就會成功。」

依照NOBLE HOME的說法，該公司客製化住宅的年間成交件數及成交率為同業的兩倍，在茨城縣占五％，自從創業以來，他們已經在茨城縣蓋了四千五百棟房子，在茨城縣內建商興建棟數排行榜已經好幾次奪得第一。另外公司盈收也很好，經常利益在二〇一六年九月期為九．一％、二〇一七年九月期為一〇．一％。目標是在二〇二四年，業績能達到五百億日圓（市占率二〇％）、員工數能成長到七百五十人。

NOBLE HOME的錄用方針

那麼NOBLE HOME最重要的錄用方針是什麼呢？

這幾年內NOBLE HOME錄取的應屆畢業生為二十到三十人左右、中途採用約為七十到八十人。二〇一七年四月也錄取了未來想要成為木工師傅的人，目的是增加木工師傅。此外，還導入了由員工介紹或推薦進來的錄用方式，這種制度下的錄取率很高，NOBLE HOME今後也預計擴大實施。

福井社長說：「培育人才企業就會成長，言出必行是社長的責任。」他在錄用和人事上竭盡心力，也經常親力親為，執行錄用相關的工作。

例如在新鮮人的聯合說明會上，會進行第一次面試，此時社長會詳細說明公司的理念。經過二次面試、三次面試後，學生要在社長面前進行簡報。為什麼要選這所大學？為什麼想在NOBLE HOME工作？當遇到人生的分岐點時，會做出什麼樣的判斷？以及當三十歲的時候，想要成為什麼樣的人？福井社長在意的是面試者會做出什麼樣的決定，在團隊中是否能努力上進。

不動產業界最重要的就是眼光。手上有什麼樣的房子，會大幅左右公司的業績。福井社長認為看不動產的眼光也適用於看人，當決定錄取對方之後，會由社長親自將錄用通知書交給錄取者。

在錄取新鮮人時，最後都會和地方的金融機構進行搶人大戰，因為銀行的招牌依然很吸引人。福井社長說：「加入的新血必須認同我們公司和員工的魅力。」錄用企畫室的大竹祐次課長也這麼說：

「要讓別人對這間公司有興趣，穩定的業績和公司的發展性是必要的，當然也包含了員工的魅力和人事制度的魅力。大家對建設公司的印象或許是銷售難度很高，所以賣房子的員工一定要有個人魅力。原本在面試時對住宅相關產業沒什麼興趣的人，很多都是因為感受到我們員工的魅力才決定進來的。」

事實上，二〇一二年四月進入NOBLE HOME錄用企畫室的東茜，在找工作時，對於到底要選擇NOBLE HOME還是地方金融機構十分猶豫，但最後她決定來NOBLE HOME，她說：

「我跟社長及人資接觸之後，深深被他們的人格所吸引。就算我去了銀行，也只不過是一般行政的其中一人，如果是來NOBLE HOME的話，我覺得會有只有我才做得到的事。」

在面試時，東茜印象很深的是社長從一開始就出席，並且很親切地回答學生的問題。真正進到公司之後，社長也是很親近的存在，是位可以聆聽大家煩惱的可靠人物。

福井社長透過每週三次的會議和面談來拉近與員工的關係，此外在工作日誌裡有一欄可以寫下對同事的感謝之情，員工可以透過電腦看到內容。全體員工之間良好的人際關係構成了緊密的團隊，福井社長也會盡量透過工作日誌來把握公司狀況。

從福井社長的話語中，可看出他是認真看待「擁有看員工的眼光」這件事。

遠低於同業的離職率

不動產業全體的離職率很高，想要留住人才是重要的課題。厚生勞動省調查，二〇一四年三月的大學畢業生進入不動產或房屋仲介業後，三年內的離職率為三四．九%。

但NOBLE HOME的離職率不到二〇%，原因是公司有提升團隊合作的機制，以及不會過度要求業績的方針。

在提升工作動力方面，除了前述工作日誌上的「傳達感謝心情」之外，每天早上的朝會中，大家都要互相擊掌打招呼，公司在這方面下了很多工夫。此外還會定期舉辦「部門同樂會」，增進員工的人際關係。

福井社長表示，這種提升團隊精神的機制，源自於他以前在高中教書時擔任過棒球隊教練的影響。無論是教練或社長，都要發掘每一個人的能力，好好管理團隊，展現最大的成果。

「理解每一個人的優點和缺點、喜歡什麼，以及得到別人多少信任，就可以知道他能活躍在怎樣的舞台，以及哪裡需要改變才能成長。提高並維持每一位員工對工作的熱情，團隊的合作是很重要的，身為上層要帶領團隊展現最佳的成果。」

順帶一提，該公司每年八月會舉辦少年棒球大賽「NOBLE HOME盃」，縣內有一百三十支以上的隊伍參加，是非常盛大的活動，而拿到內定的人也會參加這個比賽。公司期望透過進公司之前與前輩之間的親睦，消解社會新鮮人的不安。

此外，NOBLE HOME在二〇一二年建立了「指導員制度」，徹底防止員工離職。新人會搭配一個進公司兩到三年的前輩一起工作，因為新人剛進公司時可能連影印機的用法都不會，但又不敢問人，這時如果有一位可以詢問的前輩在，就能減少突如其來的離職。指導員上面有主指導員，主指導員之上則有經理，一定會有人照顧下面的人。藉由這種明確的學長姊機制，就能降低離職率。

不動產業界離職率高的理由，最主要的原因來自於龐大的業績壓力。有關這一點，大竹課長說：「業務是用能不能賣出房子來決定業績，想要讓公司成長，就一定需要業務的力量。」NOBLE HOME的目標是營造一個能夠安心工作的環境，因此在薪資上有固定的基本薪資，再依照客製化住宅的年間交屋棟數導入業績制。

具體來說，就算一棟也賣不出去，仍然會保障業務一年的年薪有三百六十萬日圓。此外再加上賣出棟數的業績。若一年賣出十二棟的話，年收會有六百萬日圓，十四棟則為七百萬日圓、十六棟八百萬日圓、二十棟一千萬日圓。這樣一來員工很容易定目標，在業績的計算上也能得到認同。

此外，為了精進員工的技能，公司在二〇一三年制定了「工作輪調」制度，積極地執行職位更動。輪調的目的在於激發出員工新的潛能，培育出未來的幹部。

二〇一三年四月進入NOBLE HOME的欠畑愛，在面試時表示自己想當業務，但進入公司後卻被分配到裝潢設計相關職務，等她習慣工作內容，認為自己天生就該做這行時，卻因為工作輪調的關係轉到了保險部門。

「在這之前我沒機會接觸保險，但是負責之後才發現它的深奧。保險是僅次於房子的第二昂貴生意，因此要考慮怎樣對客人才是最適合的，我很高興在NOBLE HOME可以提供完整的服務。」

欠畑眼睛裡閃著光芒說：「這裡是對女性很友善的職場，業務的流動率只有不到二〇％，透過聚餐或社團活動，同事們的感情都非常好。」她如此說明職場的氣氛。

一定可以請的育嬰假

有關人才養成的重要性，錄用企畫室的大竹課長表示：

「為了讓業績每年有二〇至三〇%的成長，我們在錄用及培養人才上非常努力。此外在售屋方面女性有很多可以大展身手的地方，我們很需要女性的力量。為了創造可以兼顧工作及育兒的環境，公司需要制定短時間工作或在家上班的機制，將來我們也可能會在公司裡設置托兒所。」

女性在生產之後因為想法改變，為工作加分的例子也很常見。在NOBLE HOME，休完育嬰假的女性員工，回歸職場的比率是百分之百。其中有五成會利用公司的育兒短時間制度，或視自己家裡的狀況，在客人較多的星期六日也可以休假。也有一些人會轉成平時出勤制，但為了配合托兒所的接送，一天只上班五小時，可以彈性安排自己的時間，當然待遇和正職一樣。如果對體力沒有自信，也可以在回到職場後先當打工族，再視情況轉回正職做短時間勤務。

有了負責客戶之後，如果在接待客人時小孩發燒的話，很難同時兼顧家庭及工作。NOBLE HOME考慮到這一點，也讓員工可以轉調到住宅產品線開發等可以在自己的空間工作的職場。

舟生有希目前處於最忙碌的育兒期，她在二〇一四年四月進入公司，二十五歲時跟同事結婚並生下小孩。她在未婚的時候是計時人員，對於未來小孩出生之後工作的時數可以做多久、要留多少時間帶小孩等，都感到很擔心。不過等到真的開始請育嬰假後，她才發現自己真的很喜歡工作。

回歸職場之後，舟生的休息日選在托兒所放假的週末和星期三。考慮到小孩可能會因為突然身體不適而要請假，所以舟生調到了沒有負責客戶、只需開發新產品的部門，她希望自己能像生產前一樣對工作充滿幹勁；另一方面，負責了新工作之後，她的視野也變寬闊了。

生兒育女會讓人對「家」的看法有所改變，舟生對於做家事或帶小孩的格局動線更加在意，在開發新產品時也開始尋思是否會有這種需要。

舟生也認為職場同仁的支持是讓她能夠繼續上班的原因。

「當看工作日誌知道平常不太誇獎人的前輩稱讚我時，內心真的很感動。雖然他們沒有講出口，但真的一直在看著我、理解我。就算之後會很辛苦，我還是會努力工作下去。」

在我採訪時，NOBLE HOME裡有很多員工都認為「能進入這家公司真是太好了」。這很可能是「團隊一起努力」的棒球精神，以福井社長為首滲透到全體員工的關係吧，這種精神也是日本企業失去已久的重要企業精神。

4 「製造×女性」的最前線

「年功序列」讓企業更強大——AVEX的情況

有一家企業在面對海外市場時宣揚「百分之百日本國內生產」，同時也十分重視日本典型的雇用方式，可以稱得上「日本第一」的典範，且業績十分穩定地成長。

這家企業是以汽車零件為中心，製造及販賣精密削切、研磨加工零件的AVEX（愛知縣名古屋市）。該公司的社長加藤丈典肯定地說：「年功序列（譯注：日本傳統的企業文化，以員工的年資、年紀等作為職位升遷或加薪的人事制度）的薪資體制及長期雇用的條件都達成了，才能夠製作出高附加價值的產品。」

AVEX最拿手的是自排變速箱組成零件的製造。將引擎動力以最適合的方式傳導到輪胎上，體現舒適的駕駛感受，是汽車不可或缺的裝置。主力產品「線軸閥」在全世界市占率占八％，而「電磁閥活塞」則是五％，主要客戶都是全球市占率數一數二的汽車廠商。

精密削切需要高度的技術，在正負差距上只能有兩微米（千分之二公釐）的誤差。加藤社長十分自豪地說：「只有日本才能實現這樣的技術。」

AVEX的理念是深耕當地，積極創造地方雇用、百分之百日本國內生產。此外由於製造業的技術是靠著一天天的累積習得的，所以AVEX不會雇用無法累積技術、一直汰換的派遣員工。為了讓企業持續成長，一定百分之百直接雇用員工，遵守終身雇用制。

在給薪制度上也可以看出該公司的理念。現在各產業都導入成果主義，但AVEX卻是完全的年功序列型薪資體制。製造業因為是以團隊來執行工作，如果是各自競爭的成果主義，員工不會將自己的技術傳授給別人。如果沒有互相指導的機制，技術就無法傳承下去，在這層意義上，成果主義不適合製造業，年功序列才是合適的。

國內市場雖然沒有消費增加的傾向，但經濟成長中的海外國家卻有「想買品質良好產品」的需求，因此AVEX便將高精密度的產品銷向海外。AVEX相信，支撐公司技術的就是「人」。加藤社長很有自信地表示：「人事費用是自己的資本，好好訓練員工提高產品價值，最後就能在成本競爭中獲勝。」

深耕當地的雇用方式，不僅有員工居住地鄰近工作地點的優點，公司也會受到地方政府的關注、時常把握公司的動向。就算景氣不好、訂單變少，也無法輕易解雇員工，只要雇用了員工，公司就要負責他的一生。

事實上，二〇〇八年的雷曼風暴使業績一落千丈時，AVEX沒有裁員，也沒有減薪；不僅如此，還給了跟前年相同的獎金。在雷曼風暴後才過了三年，AVEX的業績就回復到之前的水準，之後業績也穩定成長。二〇一〇年時業績成長五倍，員工數成長四倍；二〇一七年業績為六十七億七千萬日圓，二〇一八年五月時員工人數為四百人（正職及計時人員各半）。

曾經有段時期因為訂單增加，業績成長，所以加班變多，辭職的員工也變多了，但是AVEX也對此做了因應措施。在做了離職原因的問卷調查後，發現員工不是薪水的問題，而是感到體力負荷不了才離職，因為有很多員工一週加班四十小時以上。

為了減少員工的勤務時間，AVEX增加了人力，並且徹底執行星期五準時下班、每個月有一次的給薪假等制度。如此一來，離職率便大幅減低，正職員工的離職率在二〇一一年為百分之一三·二%、二〇一二年為一二·一%、二〇一三年為七·八%、二〇一四年僅有五·五%。最近大多在五至六%左右徘徊，十分穩定。

從這個經驗中，加藤社長強烈地體會到：「在勞動人口變少的現在，企業也成了被選擇的一方，所以中小企業更要讓員工有想要工作的意願才行。」

「不要說『為了公司』這種話」

AVEX雇用的是喜歡製作東西和理解公司經營理念的員工，而且是「終身雇用」，因此正職員工雖然是六十歲退休，但如果有意願工作的話，六十歲以上的人也可以以打工身分再度被雇用，而且沒有年齡限制。現在該公司最高齡的員工是七十七歲。

雇用的人跟男性或女性、文科或理科都無關。AVEX約從十年前開始增加女性員工，也將剛畢業的文科女生培養成技術職。即使是從零開始接受教育訓練的員工，最後也都可以自己設計電路。

至於育嬰假，無論正職或非正職都可以請，正職跟非正職請育嬰假並沒有差別。此外，女性復職後，如果孩子還在念小學，勤務時間可以調整成上午九點到下午四點的短時間。若對帶小孩或體力方面感到不安，無法在工廠產線做全職的話，也可以暫時調到行政部門的職位。公司有一位女性計時人員，利用請育嬰假的制度生了三個小孩。

追求女性員工在職場上的穩定，也在AVEX產生良好的循環。

例如大約在七年前，某位女性員工想出一個十分有趣的企畫。以日本旅行為號召，讓海外的經營者參觀公司工廠，參加費用一次兩小時共十萬日圓。由於全球三十多個國家每年有三千五百人以上會來參觀，公司因此還成立了「工廠參觀事業部」。

AVEX今後的目標是提升女性員工比率，目標是達到四成。想要做出精密度更高的產品，就一定要依靠人來提供附加價值。目標是在不久的將來達到業績一百億日圓的加藤社長這麼說：

「每一個人都擁有看不見的力量，讓他們發揮潛在能力，是公司的使命。」

AVEX有著非常重要的「三顆心」，那就是「注意的心」、「體貼的心」、「共同成長的心」。

注意問題、注意異常和注意掉落的垃圾，這些微小的關注都能讓公司潛在的問題浮現出來。看見了問題，就可以以應有的姿態努力去改善，AVEX把注意的心當作改善的第一步。

此外，就算再怎麼能幹的員工，只靠一個人還是有其極限，無法達成靠公司全體才能達到的成果，所以需要尊重團隊，為別人著想。如此一來，也會因為有新觀點而產生新的想法，成為能順應時代變化的企業。

為了讓企業能持續經營，也需要將公司的理念及技能傳承下去。透過「教人與被教」這兩種經驗，共同培養育成人才的心，這也代表AVEX相信每一位員工的成長都會讓公司跟著成長。

從ＡＶＥＸ的組織可以看出「員工的成長就是公司的成長」這種強烈的信念，加藤社長也說：

「我們不要聽『為了公司』這種話，我們要的是員工『為了自己』的意志。」

重視人的公司可以持續存在一百年，ＡＶＥＸ的案例完美體現了第二章最後介紹的「持續經營」（能持續的公司才有價值）理念。

在生產線上活躍的女性——協和工業的情況

另一個和ＡＶＥＸ一樣，開始積極錄用生產線女性的是協和工業（愛知縣大府市）。該公司有一個都是女性員工的製造加工小組，讓生產線上的女性存在感更為強烈。

協和工業是專門製造萬向接頭的廠商。所謂接頭是指像牽引機、滾輪運送機、移動式床架等可以用來「彎曲」或「旋轉」的機器上使用的零件。該公司在汽車相關零件上有五成市占率，主力產品「萬向接頭」或「轉向接頭」是汽車或工業機械彎曲時使用的裝置，可以自由自在地變換動力傳達，而這種重要的安全管控零件從開發到測試評價都由協和工業一手包辦。

協和工業的產品百分之百為自家生產，並開發出世界第一個由冷鍛技術製成的轉向接頭，不僅開創了到目前為止沒有過的利基市場，而且是新公司想加入也無法加入的水準，「提到轉向接頭就是協和」，存在感十分強烈。

協和工業於二〇一〇年進軍泰國，二〇一一年進軍中國，二〇一五年在泰國設立了第二間工廠，致力於擴大市場。二〇一八年八月時，員工人數有一百六十六人，其中女性五十三人、男性一百一十三人。

協和工業是重視女性雇用的製造商，該公司經營管理部總務負責人福澤保基常任顧問表示：

「過去除了行政事務職之外，我們不會錄用女性。但大概從五年前起，工廠生產線也開始錄取女性了，因為我們發現女性的細心很適合製造業。」

女性進入生產線之後，看東西的角度跟男性完全不同，所以被認為可以改善許多公司的問題。例如男性雖然擅長拿著重物移動，但其實這是不必要的勞動。當公司徵求「不用拿重物就可以完成的流程」此一改善方案時，某位女性員工便提出了解決方式。該方案不僅在製品的流程上下了工夫，連產出不良品時的對應都變簡易了。此外職場的環境也做了調整，還改變放置工具的動線，讓出入更方便，作業效率因此提升許多。

鬼頭佑治社長十分自豪地說：

「以我男性的角度看，女性一定會去注意到只有女性才意識得到的地方，當生產線有了一個女性團隊之後，製造業的文化就開始改變了。」

在生產線工作的第一批女性中，有一位是一九九五年出生的石川侑麻。她高中畢業後就在協和工業上班，曾在小學的社會科教育旅行時參觀過豐田汽車總公司，因為從小就與汽車產業有過接觸，所以對這方面很有興趣。

實際進入工作現場之後，她眼裡閃著光芒表示：「第一次操作機器比我想像中還要有趣。」

「就算是在產品上點樹脂這種工序，只要沾得有一點不平均，樹脂就會凹下去變成不良品，是很需要正確性和技術性的工作。」

「希望你找到屬於自己的工作」

石川剛進公司時，社長曾對她說「希望你能找到屬於自己的工作」，這句話讓她印象深刻，而她和社長每個月都有機會說到話。光是在生產線做事不能算工作，要如何促進團隊合作？若希望大家能互助互信該怎麼做？在這些方面她認為有許多需要努力的事。

協和工業這類推動員工成長的機制十分完善。

石川在進公司第二年後被分配到計畫生產職務，負責教導後輩；此外她還去外面的廠長培育補習班上課。品質管理的技術不用說，再加上可以顯現出自己生活風格及經歷的研習，都讓她的鬥志更加高昂。

另外，為了培育年輕的領導者，鬼頭社長也與員工進行一對一的業務改善指導，也就是每個月一次的「四不會議」。所謂的「四不」指的是「不要焦急」、

「不要放棄」、「不要心存僥倖」、「不要看輕別人」。鬼頭社長認為製造產業的本質在於Q（品質）、C（成本）、D（交期）、S（安全）、E（環境），這幾點必須經常被放在最重要的位置才行。因此他想利用「四不會議」來培育具有問題解決能力的人。對於提出卓越改善意見的員工，公司也會表揚他們。

石川滿心歡喜地說：「當出現問題使產品做不好的時候，找出原因並解決問題的成就感，正是製造業的有趣之處。」

她負責的產線產品完成後，機器手臂應該將產品排列整齊，但有一次卻因為其中一排的擺放亂掉，結果產品倒了下來變成不良品。探究問題之後，才知道擺放產品的機器手臂因為使用過度，所以座標定位失去準確度。改善之後，問題就解決了。

「四不會議」也含有社長對自己的警惕，因為在成為經營者或管理者之後，很容易會產生「自己來做比較快」的錯誤想法。

為什麼要花費心思在培養員工上面呢？當我詢問鬼頭社長之後，他卻很肯定地回答：

「請人做事並不是件簡單的事。在製造業就算做出了好東西也不見得會大賣。如果不符合需求的話，東西是不會暢銷的。要做出好產品，就必須要改變製造業的文化，因此我們需要人才，也因此需要提拔女性。」

此外，鬼頭社長也說：「如果做的是哪裡都可以生產的產品，公司就無法保證能持續雇用員工。為了達成產品完全由公司自行生產的目標，我希望年輕人勇於挑戰，所以我想要培育獨立自主的員工。」

協和工業很積極地將重要的工作交付給年輕人，在經濟產業省的支援下，「廠長培育補習班」於二〇〇五年開始實施。一開始只有四十歲以上才可以參加，但協和工業也將二十五歲的年輕人送去研習，可見協和工業對年輕世代的期待有多大。而「廠長培育補習班」也因為這樣的契機，廢除了參加者的年齡限制。

現在隨著醫療機器人的開發，粗細如同鉛筆筆芯、直徑只有一．五公釐的接頭開始有了市場需求，未來的市場也十分有發展潛力。協和工業將以「女性員工的力量讓企業更強大」的信念，增加女性員工的錄取數，並以達到全體員工的一半為目標。

5 每位員工都能發光發熱的職場

「目標是薪資業界第一」——Handsman的情況

人手不足這個問題從很久以前就一直被提起，特別是零售業的員工多為非正職，想要擁有穩定的工作和薪資十分困難。

顛覆這個常識的，是以九州為地盤的DIY（Do It Yourself）量販店——Handsman。這間業績目前仍在成長的公司，總部位於宮崎縣都城市，在宮崎縣、鹿兒島縣、熊本縣、大分縣和福岡縣合計共有十一間店面。每一家店的員工為一百人，是業界平均人數的三倍。由於業績成長所以員工也跟著加薪，呈現一種良好的循環。

Handsman 賣的是食衣住行中跟「住」相關的產品，由於每一家店鋪都有二十二萬種以上的商品，在日本國內十分受到注目。此外不只日本國內，還從全球十五個國家平行輸入四千種商品，零件也有販售是Handsman 最大的特徵。從一根螺絲釘、保特瓶上的瓶蓋，到單隻的手套（無論左手或右手）都有賣。此外有顧客會買一包一百根的吸管，也有客人只想買一根，這時Handsman就會拆開袋子賣給客人，被這種做生意的方式吸引的回流顧客非常多。

Handsman的大薗誠社長說：「如果你問我為什麼想要投入這個事業，我會說因為我只是想賣客人想要的東西。」

這麼多商品陳列在店內，自然被客人詢問商品擺放位置的機會就很多，每間店鋪安排一百位店員，也是為了能隨時跟客人介紹產品。Handsman每年會錄取應屆生及中途錄用者約三十到四十人，其中正職員工約占八成，男女比例各半。Handsman最自豪的是，員工進入公司三年後仍在職的比率高達九〇%以上。

Handsman的店面特徵可以從產品展示陳列區看出端倪。每家門市的天花板都很高，一樓和二樓打通，讓客人享受店內的空間非常重要。為了維持賣場的娛樂性，Handsman在展示區的維持上不遺餘力，設有約五十人的「改裝課」。

此外，為了掌握顧客「我想要這種東西」的心聲，Handsman也很重視跟客人的對話，並為此在人手安排上不惜下重本。為了滿足客人的需求，一週會進貨五百種商品。

Handsman要求員工在店內與客人擦身而過時，要微笑打招呼，當客人詢問商品時能夠陪著一起找。客人開心業績就會提升，業績提升員工薪水也會增加。為了達成這樣的良性循環，員工都會很積極的去考DIY顧問的執照，而考試報名費及交通費由公司全額負擔。

大薗社長說：「我想要給予員工成就感和應得的報酬，公司的目標是成為這個業界中平均薪資的第一名。」

打造讓員工活躍的舞台

事實上，由於Handsman有多種工作型態，所以在待遇上大幅超過業界平均水準。

正職員工分成會調任的正職跟不會調任的地區限定型正職；在勞動條件上定義得非常明確，官方網站上也有詳盡的說明。基本薪資依據分店所在地不同多少有差異，例如在宮崎縣、鹿兒島縣內的分店，若是四年制大學畢業生為月薪十七萬日圓加各種津貼；若是專門學校、短大畢業生則是月薪十五萬五千日圓加各種津貼等等，寫得十分詳細。

基本薪資每年都會調整。例如地區限定型正職員工的平均加薪率，二〇一五年為三・七五％、二〇一六年為三・七％、二〇一七年為二・四六％；獎金則是由職能考勤課來判定，依每個人績效有所不同。

因此Handsman有著足以傲視零售業界的薪資。公司於二〇〇〇年股票上市，正職員工的平均年收入約為四百萬日圓，而現在的平均年收入約為五百一十八萬日圓，比起一般白領階級的平均薪資四百二十二萬日圓（國稅廳〈民間薪資實態統計調查〉，二〇一六年）高出許多。

Handsman也十分重視員工福利。眾所皆知零售業很難放假，但Handsman的員工連孩子的學校活動都可以請假。此外每年有三次運動大會、每年一次的員工同樂會，還有進入公司四年、七年及十年的同期會等。公司會舉辦各種讓員工有參與感的活動，另外也會聽從員工的意見，舉辦保齡球或高爾夫球等活動。

Handsman的員工總共有一千兩百多人，大薗社長每年一定會跟所有員工都講到話，哪怕只有一分鐘也好。對社長而言，這是他實踐「言出必行」的動力。

Handsman會頒發資深員工獎給在公司服務十年、二十年、三十年的人，由社長對員工表達感謝之意。在新年的全體會議上也會舉辦表彰典禮兼新年會。新年會的時間大約為四小時，由員工組成的樂隊演奏。

此外，服務超過二十年的六十歲以上員工，可以參加每兩年一次的慰勞旅行。在Handsman，退休的員工可以轉為每年更新一次合約的囑託員工，而且合約的更新沒有次數上限，薪資水準也跟正職時沒有差異（含獎金）。現在有兩位八十多歲的員工依然活躍著，他們雖然沒有在店面接待客人的體力，但是能夠指導新人，是十分珍貴的人才。

社長的人格孕育出的企業風土

雖說如此，但光提供友善的工作環境，還不足以讓企業存續，所以Handsman在錄用上十分重視員工的品格，大薗社長如此表示：

「我想要錄取的是能讓大家開心的人，如果有祭典的時候，這種人一定是眾樂樂勝過獨樂樂。」

這個理念也體現在大薗社長的人格上。

Handsman在日本證券市場上市的時間是二〇〇〇年三月，剛好是筆者第一年擔任股票新聞記者的時候。那時我負責跑零售業界的新聞，曾去參觀Handsman的店面並寫成報導。當時揮汗在店內拚命為我介紹的人，就是現在的大薗社長。新聞刊出時，該公司正好在東京都內開股東說明會，某位證券分析師告訴我：「大薗先生非常重視你寫的新聞，一直好好地保存著那份報紙。」

後來大薗先生成為社長，已經是上市六年之後的事了。大薗社長在當時展望下一個十年的目標時表示：

「在經營計畫上，除了業績跟店面的成長數之外，公司也很重視員工是否認定『在Handsman工作的人生是有價值的』。我想要把Handsman經營成員工會跟我說『能在這裡工作實在太好了』的公司，我想讓Handsman成為家具賣場裡最有價值的存在。」

Handsman到二〇一七年六月為止，已經連續二十二期收益增加。二〇一七年六月的業績為三百二十二億兩千兩百萬日圓（比前期增加三．五％）、經常利潤為二十五億五千萬日圓（增加八．一％）。此外，利潤率也上升了，二〇一〇年到二〇一四年六月對業績的經常利潤率為四％，二〇一六到二〇一七年六月則增加到七％。

二〇一八年六月，Handsman的連續收益增加中斷了，原因是熊本地震和天候的影響。就算如此，業績仍然高達三百一十億五千萬日圓。

零售業要如何受到客人青睞是非常重要的事。並不是賣得便宜就好，大薗社長還有著「想讓跟Handsman有關的人都能幸福」的想法。

「我希望當地人能覺得『這個地方有Handsman實在太好了』。社長為了員工而工作，員工為了顧客而工作，員工認為待在Handsman是件好事，我希望這個方程式可以成立。」

大薗社長笑著表示。

創造員工的成就感——Wondertable的情況

外食產業在留住人才上比零售業界還要艱困。如同第一章跟第二章所見，不穩定的非正職雇用非常多，在離職率上整體也偏高，目前在雇用上十分依賴外國勞工。

但是也有公司積極將打工者轉為正職，並且建立防止離職的措施，使業績蒸蒸日上，那就是總公司位於東京新宿的Wondertable。

該公司擁有主打涮涮鍋和壽喜燒的「MOMO PARADISE」、「鍋Zo」；巴西烤肉料理「Barbacoa」；以精釀啤酒為主的「YONAYONA BEER WORKS」等店，是國內外合計有一百二十間店面（二〇一八年九月為止）的外食企業，二〇一八年三月的業績高達一百二十六億日圓。

該公司的董事戶田史朗如此闡述Wondertable的過人之處：

「開拓能夠成功的市場，打造強而有力的品牌。例如南美料理的巴西烤肉市場較小，所以我們的目標是日本市場第一名；以莫札瑞拉起司為主的義式料理也是別無分店；YONAYONA則是精釀啤酒的龍頭。我們想要將每一種類型做出區隔，利用這樣的品牌力量留住人才。」

Wondertable的中途錄用者中，有一半的人都有打工經驗。理由是從打工轉為正職的人，在進公司之後的穩定度比較高；另一種說法則是有不少人在二十多歲時懷有明星或歌手夢，這時會先打工度日，等超過三十歲後才考慮就職。

Wondertable十分重視培養人才和穩定度。像農業實習或啤酒工廠參觀等體驗型研修，計時人員也可以參加。公司還有賽跑或籃球等社團，不同店面的員工也能藉此強化交流；此外，還有社長和全體員工一同參加的晚餐會等。為了不要讓員工感到被孤立，Wondertable努力改善環境，因此離職率很低。Wondertable二〇一八年度的離職率約八％，遠低於業界平均水準。

飲食店為了讓顧客再次光顧，除了料理的品質和價格之外，員工的待客之道也非常重要。Wondertable的企業理念是「開拓市場，打造開心的時光」，實際招待客人的員工擔負著重責大任。

例如，Wondertable旗下的頂級肋排專賣店「勞瑞斯餐廳」，服務生會分別負責不同桌號的客人，與客人密切交流。在待客上，服務生會先從自我介紹開始，該店的客單價約在一萬日圓左右，並不是能夠隨便說出「我會再來吃」的價格，因此客人大多是為了慶祝生日或紀念日而來。

在惠比壽Gardenplace工作的白石聖來興奮地表示：「我真的很喜歡勞瑞斯的招待方式。」客人在進到店裡時，服務生需要馬上就能分辨出誰是主角、誰是配角，當客人回去時，如果能得到客人一聲「今天多謝了」，白石的疲勞就會馬上消失。正職的白石還要負責員工整合的工作，所以壓力更大，但他只要想到這份工作是「只有在這裡才做得到的工作」，就能讓他繼續撐下去。

在「鍋Zo」工作的堤航太朗是從打工轉正職的其中一人。他的目標是往音樂之路前進，因此一邊從事DJ活動一邊打工將近十年了。在這段期間，雖然公司問過他很多次要不要當正職，但是因為餐飲業的正職一直給人很辛苦的印象，所以他都拒絕了。不過堤一直很佩服上司的作風，所以在即將三十歲的時候，決定轉為正職員工。

在待客上，每天都有新的試煉，顧客的需求並不會寫在待客手冊上。當招待六十多歲的夫婦時，堤會在甜點上擺生日祝福賀卡，看到客人喜極而泣，堤打從心底感受到：「能做這份工作真的很好。」

隨著外食產業高度的標準作業流程化，員工會變得沒什麼成就感，在走低價路線且人手不足更加嚴重的現在更是如此。只是在外食產業，當專業的待客之道漸漸消失時，更能感受到Wondertable每一位員工值得讚許之處。前述的堤想要「早一點成為主管」，所以現在正努力學習管理經營。

不要剝奪員工的成就感，要一同創造成就。能夠擁有這樣的機制，或許就是Wondertable人才不會流失的原因吧。

終章

有救濟中年打工族的方法嗎？

在總結本書的終章，我想讓大家思考一下「中年打工族」的救濟方式。

厚生勞動省從二〇一七年起，針對將就業冰河期的完全失業者雇用為正職的企業，設立了補助金的制度，但這樣的機制有多少成效呢？商界大老也提出「應該要將非正職員工當成正職雇用」的意見。本章將從各種採訪中，找出可以打破僵局的方式。

企業經營者眼中的中年打工族問題

日本社會已經將「中年打工族」的問題擱置許久了，現在有必要正視這個從「失落的二十年」轉為「失落的三十年」的危機。筆者採訪的某位企業執行長洩氣地表示：

「派遣就是派遣、非正職就是非正職，一直沒有改變。就算要增加正職員工，也只適用於應屆畢業生。整體來說，派遣跟非正職的人數仍然持續增加，派遣公司也一直增加，所以感覺好像又回到了過去派遣中止的年代。而待過民間企業的人，為了尋求穩定就會轉向公務員的職場。」

情況看來十分嚴峻。某位企業經營者便毫不在意地說：

「有誰會想要錄取中年打工族呢？如果公司經營不善的話，就假裝在雇用上努力過，之後再破產或賣給外資，這樣反而樂得輕鬆。」

深知這種現狀的資深職涯顧問表示：「錄用員工是很大的投資行為，企業不會因為想要政府補助金而雇用人。」

「最困難的是那些社會救濟對象的就業支援。這些人雖然缺乏專業技術，但過去在公司或社會中還可以生存，可是現在由於全球化而導致競爭激烈，他們的處境變得十分艱困。此外，想幫助那些被黑心企業傷害過的人也是很辛苦的事。雖然被辱罵、被傷害，他們仍然想要努力找工作，只是同樣的情況遇到太多次之後，他們就會覺得『我不要再受傷害了』，然後一蹶不振。大家都會喪失自信。這是不能置之不理的問題。」

這種沉痛的心聲，派遣公司要如何面對呢？

筆者至今為止一直追蹤報導「悲慘職場」的祕辛，而大型派遣公司總以「會產生負面形象」而拒絕受訪，不過最終仍有兩家大型派遣公司願意接受採訪，就是股票上市的保聖那和英創人力公司。

保聖那集團的南部靖之代表看法如下：

「企業考慮自己的利益往海外發展，使國內產業空洞化，穩定的雇用單位越來越少，製造業或許要負一定的責任。就算景氣再怎麼好，只要在職場上沒有受過教育訓練，潛力沒有被激發，勞工就無法享有利益。企業重視股價或ROE（股東權益報酬率）的結果，會裁員的公司反而會被認為是優秀的公司。」

他也表示自己理解「中年打工族」目前所處的狀況。

「中年打工族是時代的犧牲者，現在的年收仍然停留在一百萬到三百萬之間，完全沒有改善。」

商界大老、伊藤忠商事的丹羽前會長也認為企業該負起責任。他在筆者探討就業冰河期的非正職雇用問題時，曾經給過筆者許多意見跟建言。

「就算景氣變好，只要勞動報酬份額低，企業就可以賺更多錢，以大範圍來看，公司是看著勞動報酬份額來考慮薪資的。只是最近景氣變好，公司收益增加，但勞動報酬份額卻沒有提升，公司增加太多保留盈餘，這時就應該下猛藥救治。」

此外，丹羽在二〇〇四年時曾經說過：

「同樣都是員工，但卻出現了『我是正職，你是打工族』的階級排序，一旦貧富差距擴大，社會的裂痕就會開始出現。再過十年到十五年，這個社會就會很明顯地開始崩塌，但那時已經『too late』（太遲了）。」

距當時的採訪已經過了十四年多，如同丹羽前會長的見解，已經陷入了「too late」的狀況。

政治家眼中的中年打工族問題

過去筆者曾出版《深度報導身為「正職員工」的年輕人們——找尋就業冰河期世代》（岩波書店，二〇〇八年），當時綜合研究開發機構（NIRA）發表的〈就業冰河期世代的危機〉回響十分熱烈，雖然本書前面也引用過了，但筆者還是想再次簡單介紹一下其中讓人啞然的內容。

依據二〇〇八年該研究的試算，由於就業冰河期世代的非正職雇用勞工或無業者的增加，出生於一九六八年到一九七七年的世代到了六十五歲之後，接受社會救濟的潛在人口會達到七十七萬四千人；而追加的社福預算則從十七兆七千億日圓提高到十九兆三千億日圓。在這份研究發表過了十年之後的現在，已是刻不容緩的狀態了。

政治界也終於將目光轉向這個問題。過去只有在野黨的福島瑞穗參議院議員（社民黨）跟小池晃參議院議員（日本共產黨）等人，將非正式雇用的問題拿到國會的檯面上討論，但強行破壞雇用制度的自民黨，最近也終於有人開始關心。

代表人物是石破茂元幹事長。在二〇一八年的自民黨黨主席總選舉中，單挑安倍晉三首相的石破感受到了以下的危機：

「非正式雇用是企業為了削減人事費用而拿來利用的制度，所以一定要減少這樣的情況。以泡沫經濟崩壞為契機，增加了許多非正規雇用，當時的就業冰河期世代已經四十歲了。非正式雇用既沒有年功序列的加薪或升遷制度，也沒有退休金跟年金，中年的非正職勞工從二〇四〇年起將邁向高齡化，以大型集團的方式登場。」

如同石破幹事長所言，二〇四〇年日本將會面臨前所未有的危機。高齡者人數達到高峰，社福救濟給付費可能為現在的一·六倍、長照費為二·四倍、醫療費為一·七倍、年金則為一·三倍，因此「中年打工族」的問題無法再被忽視。

安倍政權雖然強調要增加雇用人數，但實際上到底如何呢？現在服務業及醫療福祉領域是雇用的大宗，因此「Wageless Recovery（無薪資的景氣回復，筆者自創語）」是不可避免的情況。

當然製造業的凋零也有一點關係，現在不僅製造業跟服務業的比例完全逆轉，日本製造業在「全球化競爭」的名義下，也朝著減低人事費用的方向前進，以利價格競爭。現在想來，在這個時間點就已經看見失敗的結果了；另一方面，東芝的利潤造假也可能是一個指標。

推動雇用正職員工的機制

第一生命經濟研究所的首席經濟學家熊野英生，在二〇一七年發表了名為〈生產力問題的致命之處〉的研究。熊野先生是筆者很信任的經濟學者，他試算了非正式雇用的所得差距及對總體經濟帶來的影響，是十分珍貴的人才，由於他持續發表引人注目的經濟報告，在業界的評價非常高。

在前述的研究中，以二〇一四年度的內閣府〈國民經濟計算〉為基準，介紹了每一個人在不同產業的生產力。數據指出，相對於製造業一小時五千七百零八日圓，服務業只有兩千七百八十五日圓。也就是說，雖然高齡化擴大了醫療長照方面的雇用，但提供長者服務的產業利潤卻很少。如此一來，在該領域的雇用也會轉向非正職，熊野認為「服務業的生產力問題的致命處就在於此」。

為了提升生產力，一定要將非正職轉為正職職員不可。只是服務業在減少勞動成本方面的壓力很大，對於吸收需要專業性的正職雇用十分乏力。同時，隨著消費者的高齡化，需求也隨之減少，沒有辦法提高附加價值，這也就是通貨膨脹的真實面貌。「工作型態改革」無法解決問題，碰觸不到沉痾，這是熊野的分析。

前面提過的丹羽前會長也認為問題非常嚴重。

「外食產業的每一間店隨時都需要人手幫忙，如果只是為了掙口飯吃而工作，是無法提升生產力的。非正職的增加，結果只會使經濟停滯不前。」

雖然如此，但要將非正職員工轉為正職並不是簡單的事，「中年打工族」又更加困難。不過還是有一些推動正職化的行政組織案例，以下將介紹東京都的例子。

東京都從二〇一五年開始致力推動正職化。設立了從求職諮詢到工作介紹都能對應的「東京工作中心」。在該機構設有三十到五十四歲的「中堅層諮商角落」，對就業冰河期的支援也十分熱心。此外，三十到四十四歲的非正職勞工可以免費上「就活Express」或「東京工作補習班」等就業支援專案課程，其中「就活Express」專案是將目標定在三個月內成為正職的計畫。

而「東京工作補習班」是兩個月的研習課程，目標也是成為正職。研習時間為平日的上午九點半到下午四點半，學習溝通技巧等社會人應具備的基礎，特徵是每一個人都會搭配一位工作指導員，可以找指導員商量各種事情。在研習結束之後半年內，指導員仍然會繼續提供就業上的諮詢，所以比較容易找到工作。

就業支援專案是委外事業，現在由保聖那及英創人力公司負責執行。英創的正木慎二執行董事以「派遣員工不是打工族」為前提，表達了以下意見：

「包含打工族等所謂的飛特族，就算成了三十五歲的中年之後，仍然有可能提升自己的專業技術。只是他們本身沒有自信，覺得自己做不到，所以需要改變他們的意識，而我們人力公司就會在這時予以支援。」

東京都的資料顯示，東京工作補習班的成效每年都在提升。在計畫剛開始的二〇一五年，參加研習的兩百零五人中有八十六人求職成功，其中有四十五人是正職。二〇一六年，一百八十二人中有一百七十一人求職成功，其中正職有八十三人。

這樣實際帶來助益的機制，筆者很希望在各地都能夠執行。

捨棄了任何一個人，經濟都會變差

如同第三章所見，企業的業績成長和安穩的雇用環境並不衝突。具古風的日本典型雇用、站在員工立場的福利、開放式的職場環境……一味追求眼前利益的日本企業，是否應該重新審視「古老」的價值觀呢？

多摩大學名譽校長兼日本綜合研究所名譽會長野田一夫先生，在接受筆者採訪時曾表示：「在企業經營上最重要的，是無法用理論去評價或量化的『有血有肉的人際關係』。」和松下幸之助及本田宗一郎等知名企業家都是舊識的野田會長語重心長地說。

雖然他跟丹羽前會長有同樣的看法，但提出了更具體的建議。

「企業以人為本，所以應該消除『正職』或『非正職』這樣的用語，全部改成『員工』比較好。差異只在於全職上班或計時制上班，在社會保險上也可以依照工作時數來對應。」

有餘裕的工作、有餘裕的學習，如此就可以提升生產力，這是丹羽前會長的主張。只要有餘裕，就擁有思考自己人生的時間，如果連思考人生的時間都沒有，那麼一定不會有想要工作的念頭。

丹羽前會長直言不諱的論點說出了許多人的心聲。

「安倍政權主導的無視民意的論調，完全只是為了自身的利益。如果政治和經濟不能切割，日本將會崩壞。人是需要被培育的，三十年前我們曾被喻為『日本第一』，那是企業提供教育訓練的成果，因此教育進入公司的員工是很重要的事。就算是三四十歲的非正職員工，只要努力還是可以趕上大家的。利潤之後自然會進來，所以在五十歲之前，下定決心去做吧。」

改善雇用的品質絕不是件簡單的事，現在勞動基準法、勞動者派遣法、男女雇用均等法等都有企業鑽漏洞的問題。筆者認為若要受到保障，又要落實靈活可變通的工作型態，就必須解決「中年打工族」的問題，因此需要檢討「差異改正法」等修法問題。

腳踏實地的機制，可以讓地方的優良中小企業在媒合勞工時，有著更良好的成果。如同第三章介紹的，以國內製造為主軸的獨占性製造業是日本值得自誇的真實力，筆者期待企業利用開發技術拓展新市場，並從中產生良好的雇用。

筆者經常思考「捨棄了任何一人，經濟都會變差」這件事。將正職員工替換成非正職，再把非正職的規範放寬——這樣的政策已經被時間證明是極大的失敗了，為了不再重蹈「中年打工族」的悲劇，政府需要盡快提出對策。

後記

就業冰河期世代的問題被擱置很久了。

一直關注這個問題的筆者，因為找不到解答所以遲遲無法下筆。

二〇一五年十月，NHK的資訊節目「深讀週刊新聞」提出了中年打工族的問題，筆者由於出席了該節目，所以開始企畫本書，但付梓卻花了三年的時間。因為在實際的採訪過程中，筆者只感受到無盡的絕望。

《週刊經濟》首次將專題集結是在二〇〇四年左右，但當時打工族問題卻未受重視。由於立教大學的金子勝特別教授及東京大學的兒玉龍彥教授在專欄中提到此事，讓風向為之一變。而如今，這個應該被大眾廣泛認知的問題再次浮上檯面，因為中年打工族是一個會讓日本經濟沉淪的國家難題。

不過隨著採訪的進行，我多少看見了一絲希望。想要改善目前的困境，需要轉換產業結構，創造附加價值，也就是單純地「回歸原點」。日本勞工組合總聯合會建議「家長一人，小孩一人」的家庭，最低生活費用需要的年收入應達到四百二十萬日圓的水準，所以政府的目標應該是打造一個不論正職或非正職，年收入都是四百到五百萬日圓的社會。能夠持續發展的經濟及社會，才能成為全民安定的基石。

筆者也是就業冰河期世代的人，因此就業冰河期世代的問題也是筆者成為記者的原點。正因為是記者，所以必須像礦坑中用來預警有無毒氣、被剪去羽毛的金絲雀，在還沒釀成大問題之前，抱持著「總覺得有些不對」的單純念頭去探索並報導，只要持續地寫，就一定會有所改變。

由於採訪是持續的，所以有些受訪者會重複，而本書也包含部分過去報導的改寫內容。如果沒有這些受訪人的協助，以及編輯粕谷昭大先生的強烈意志，本書或許就無法完成了。非常感謝各位，今後我仍想要繼續追蹤這個題材。

二〇一八年十月

小林美希

ISSUE 029

中年打工族：為什麼努力工作，卻依然貧困？日本社會棄之不顧的失業潮世代

ルポ 中年フリーター ——「働けない働き盛り」の貧困

作者	小林美希 Kobayashi Miki
譯者	呂丹芸
副主編	石瑷寧
特約編輯	林貞嫻
責任企畫	林進韋
美術設計	Bianco Tsai
內文排版	薛美惠
總編輯	胡金倫
董事長	趙政岷
出版者	時報文化出版企業股份有限公司 108019 台北市和平西路三段240號1-8樓 發行專線｜02-2306-6842 讀者服務專線｜0800-231-705｜02-2304-7103 讀者服務傳真｜02-2304-6858 郵撥｜1934-4724 時報文化出版公司 信箱｜10899臺北華江橋郵局第99信箱
時報悅讀網	www.readingtimes.com.tw
法律顧問	理律法律事務所｜陳長文律師、李念祖律師
印刷	勁達印刷有限公司
初版一刷	2020年5月15日
定價	新台幣320元

時報文化出版公司成立於一九七五年，並於一九九九年股票上櫃公開發行，於二〇〇八年脫離中時集團非屬旺中，以「尊重智慧與創意的文化事業」為信念。

版權所有 翻印必究（缺頁或破損的書，請寄回更換）

RUPO CHUNEN FURITA
Copyright © Miki Kobayashi 2018
All rights reserved.
Original Japanese edition published by NHK Publishing, Inc.
Chinese (in complex character) translation rights arranged with
NHK Publishing, Inc., Tokyo through Keio Cultural Enterprise Co., Ltd.

ISBN 978-957-13-8197-8

中年打工族：為什麼努力工作,卻依然貧困?日本社會棄之不顧的失業潮世代｜小林美希著；呂丹芸譯.. -- 初版. -- 臺北市：時報文化, 2020.05｜ 面； 公分. -- (Issue ; 29)｜譯自：ルポ 中年フリーター「働けない働き盛り」の貧困｜ISBN 978-957-13-8197-8(平裝)｜1.勞動問題 2.高齡勞工｜556｜109005641